用鮮血和謊言
寫下的

百年中共黨史

林保華（凌鋒）

目次

【推薦序】
中共政權的本質：謊言、鮮血與人民的犧牲／林飛帆 007
台灣需要林保華／王丹 009
知己知彼 防衛民主／黃帝穎 013
【代序】走出幻滅，走向覺醒／李江琳 017
【自序】／林保華 025
【第一部分】中共百年黨史扼要
前言 030

一、中共從知識分子沉淪爲流氓無產者（一九二一～一九三〇） 031
二、蘇維埃中國從江西到陝西（一九三一～一九四〇） 037
三、生產鴉片，箝制思想，推翻民國（一九四一～一九五〇） 043
四、新民主主義騙局釀成大饑荒（一九五一～一九六〇） 049
五、文革史無前例，亂局卻難收場（一九六一～一九七〇） 055
六、中共窮途末路，被逼另謀出路（一九七一～一九八〇） 061
七、鄧小平設計了改革開放騙局（一九八一～一九九〇） 067
八、悶聲大發財的崛起（一九九一～二〇〇〇） 072
九、「和諧」不成的強弩之末（二〇〇一～二〇一〇） 077
十、中國社會帝國主義的世紀大賭博（二〇一一～二〇二〇） 082

【第二部分】相關史評

共產專政下的中國國家認同（二〇〇六年） 090

中共研究的艱難道路（二〇一二年） 114
你是一個流氓（二〇〇一年） 122
中國的流氓經濟（二〇〇四年） 126
百年中共外交政策的「統戰」本質（二〇二二年） 132
劉英對中共黨史的若干釋疑（二〇一六年） 141
毛澤東以權謀奠基統治架構和手段（二〇〇三年） 148
延安整風：毛表演痞子功夫（二〇〇三年） 160
毛頌蔣之信隱瞞七十年（二〇一四年） 166
地下黨的悲劇（二〇一二年） 172
走進毛澤東時代（二〇〇六年） 179
被中共歪曲了的朝鮮戰爭（二〇〇三年） 196
畸形性關係的間諜醜聞（一九八六年） 200
我在文革期間的醒悟（一九九六年） 204

拍賣官地——中國經濟的里程碑（一九八七年）　210
佛利民與趙紫陽會晤的回憶（二〇〇六年）　217
「血汗中國」走到盡頭？（二〇一〇年）　226
「抗美援習」引發的中美經貿大戰（二〇一九年）　230
中共的接班人暗湧（二〇一九年）　235
今日之域中，還是習家天下？（二〇二〇年）　239
中南海燈火輝煌　創黨者女兒晚景凄涼（一九九七年）　245
李鵬之女開女紅三代之先　跑趴追時尚（二〇一二年）　255
從兩岸經驗探索中國「聯省民主」道路（二〇〇三年）　263

【推薦序】

中共政權的本質：謊言、鮮血與人民的犧牲

林飛帆（台灣太陽花運動領袖、民進黨副秘書長）

二〇二二年的春天，俄羅斯發動了一場令全球震驚與憤怒的侵略烏克蘭戰爭，也連帶的讓國際社會開始擔憂中國是否會有樣學樣，對台灣或周邊區域進行威權擴張。

事實上，這幾年來，隨著國際情勢劇烈變化，從美中貿易戰、武漢肺炎疫情、乃至俄烏戰爭爆發，台海問題，以及中共的威權擴張野心，已經更大程度的躍升到國際版面，也屢屢成爲國際關注的焦點。越多人注意到中共的野心，越多人對中國的各種動態保持警覺，自然是好事。但除了美中關係、台海軍情動態，或兩岸關係之外，中國究竟如何成爲今日的面貌，中共在每個不同歷史階段的決策及其後果，特別是中國共產黨的歷史演變，則較少爲台灣社會所充分理解。

台灣位處在中國威權擴張的第一道防線，也是民主陣營與威權陣營對抗的前緣，我們無可否認中共的擴張對台灣的未來與生存具有至關重大的影響。正因如此，我們更該深入瞭解中共政權的演變，從而理解中共政權的本質；並且從中思考台灣自己在地緣政治與民主陣營中所該扮演的角色，又該如何抗衡中共的威權擴張的威脅。

林保華老師長年研究中共黨史，對每一個階段中共的演化都有深度，而且是尖銳、直率的剖析和批判。他所著作的《用鮮血和謊言寫下的百年中共黨史》，正好爲中共的二十大——習近平尋求延任的權力爭鬥，做了及時的詮釋。他描繪了中共一路從建黨、革命、獲取政權，發動文革、改革開放，乃至經濟崛起，到向外擴張的軌跡，是如何透過謊言與人民的犧牲走過來，更鉅細靡遺的替我們爬梳了這個政權的本質。

【推薦序】

台灣需要林保華

王丹（中國北京一九八九民主運動領袖）

睽違多年，資深評論家林保華先生的新的評論集終於問世了，這是我期待已久的事情。我的期待的原因很簡單：台灣需要林保華。

台灣需要林保華，是因爲隨著兩岸局勢發展進入不穩定期，台灣無時無刻不處於中共的武力恐嚇，認知作戰和國際打壓之下；針對不確定的未來，台灣也應當開始擬定應對方案。所謂「知己知彼，百戰百勝」，要制定新的對中戰略，需要對中國的現實有深刻的了解。林保華從香港時期開始，幾十年筆耕不輟，積累的不僅是文字，更是豐富的經驗。他從中國到香港，從香港到美國，從美國到台灣，不同的落腳點也提供了別人難有的不同角度的觀察和分析的便利條件。因此，作者對中國的認識之深入綿密，是台灣的財富，可以提供大量的訊息協助。

台灣需要林保華，是因爲對中國的評論文章浩如煙海，但很多都是建立在現實判斷，甚至情緒宣洩的基礎上，而林保華不同。作爲黨史學者，林保華幾十年來積累了大量的檔案材料，掌握了豐富的資訊。他的文章之所以好看，是因爲他從來都言之有物，歷史資料隨手拈來。我認識的林保華是一位嚴謹的評論家，寫作態度十分認眞，因此往往言之有物。他的文章往往不僅僅是對現實的分析，也是一本歷史教科書，時時提醒我們把現實判斷建立在歷史經驗的基礎上。他的考據功力，也是令人推崇的。

台灣需要林保華，還因爲他的目標明確熱情。幾十年以來，林保華對抗中共專制的立場十分鮮明且持之以恆。他以自己一生的經歷，積極地到處揭露中共的眞實面目，無論從啓蒙的角度還是宣傳的角度看，都是反共光譜中閃亮的一環。到了台灣之後，林保華的重點轉向鞏固和保衛台灣的民主，爲此也投入了大量的熱情和精力，本書的很多內容都可以讓我們看到這樣的熱情。熱情是可以傳播的，林保華的文字因此而具有現實的動員力量，鼓舞和激勵很多年輕世代建立正確的認知，並投入現實的政治。我相信這本書中的內容，也將會感染很多讀者，使年輕世代建立壯闊台灣的理念。

本書是一些過去評論文章的結集，但並不會因爲時間流逝而失去現實價值。事實上，很多對於當今現實的認識，是要從梳理歷史脈絡起步的。今天回頭看林保華多年來的評論，我們很容易在頭腦中劃出一條時間軸，並得以用發展的眼光看今天的現實。

希望台灣的決策者，公民社會和民眾，可以從本書的文字中不僅收穫到知識和觀點，更能收穫到理解和熱情。

【推薦序】

知己知彼　防衛民主

黃帝穎（律師、永社理事長）

拜讀林保華先生新書《用鮮血和謊言寫下的百年中共黨史》，帝穎身為晚輩，榮幸能為新書為文作序，先生大作《用鮮血和謊言寫下的百年中共黨史》，描述先生對中國共產黨發展歷史軌跡及中共暴政統治手段的精準觀察與解讀，見先生長年為民主的理想付出，更確切掌握獨裁中共的統戰手法，知己知彼、捍衛民主，令人感佩。

尤其，先生大作以史鑑今，新書描述「中共十九屆六中全會已於十一月十一日光棍（流氓）節閉幕。全會通過了《關於黨的百年奮鬥重大成就和歷史經驗的決議》。與一九四五年及一九八一年通過的歷史決議不同的是，這個決議完全是對百年中共的吹捧，更是習近平本人的自我吹噓。」，亦可見中共獨裁統治技巧隨時代進化，但唯一不變的是其暴政本質。

中共獨裁統治中國，更透過大外宣及經濟、文化、政治對民主世界滲透。進化的獨裁中共政權，熟稔民主國家的遊戲規則，以利透過資本市場、言論自由及民主選舉等方法，滲透甚至是操控世界各國的政治經濟，而國際社會已開始正視「民主防衛」。當然，台灣受害特別嚴重，更必須建構民主防衛機制。

舉例來說，中國製造假訊息介入台灣選舉，美國國會在二〇一八年的「美中經濟與安全審查委員會（USCC）」發布年度報告指出，北京以散播不實訊息等多種手段，試圖妨礙台灣民主發展。美國在台協會主席莫健（James F. Moriarty）也指出，外在勢力透過輿論風向、不實訊息，試圖改變台灣選舉結果，對台灣相當危險。

世界各國為防衛中國或獨裁勢力干預，紛紛立法或修法防治，這些民主國家同樣保障言論自由，尊重市場機制，但以制度特別管制中國等獨裁國家的干預，這是「防衛民主」的重要機制。

以專法方式進行防衛的，例如美國的《外國代理人登記法》，近年美國司法部即命令中國媒體新華社華盛頓分社，和中央電視台的海外平台中國環球電視網必須註冊登記，美國聯邦調查局也用此法起訴外國網軍，其中有五名編制於上海的中國網軍遭到起訴。

華爲案後，美國民主共和兩黨，聯合提案《電信拒絕令執行法》（Telecommunications Denial Order Enforcement Act）草案，禁止美國企業賣零組件或設備給華爲、中興等中國企業；德國與法國擬以修法方式，修正電信法，以排除華爲等中國企業的5G設備，以確保資訊安全。歐盟執委會亦將擬修訂《網路安全法》，禁止中國企業參與5G網路建設。

澳洲政府爲防治中共資金及政治干預內政，推動專法《反外國干擾法》，大幅加重從事間諜活動的刑罰，避免中國對澳洲政治經濟的滲透。再以德國爲例，「防衛性民主」乃因二次戰前的德國，雖有崇尚自由民主的德意志「威瑪憲法」，竟讓德國人民以「民主」的方式選出了希特勒政權，而終結了既有的「民主憲政」，濫用民族主義的威權政體，不但粉碎了國家原有的自由秩序，更將德國人民帶入二次大戰的無盡浩劫。

因此，戰後的德國基本法，基於慘痛的歷史教訓，爲了鞏固「民主」，而對「民主」的行使做了最後的底限，正是爲了「防衛」民主不受民主結果的顚覆，「防衛性民主」在歐洲多個民主國家發展實踐，對任何牴觸「防衛性民主」之行爲，宣告違憲無效。

中華人民共和國爲獨裁專制國家，尤其習近平修憲取消任期限制後，全球民主國家更加體認到中國獨裁政體宛如帝制。習近平主張九二共識即「一國兩制」台灣方案，將使民主台灣與獨裁中國成為同一國家，必然衝擊台灣「自由民主憲政秩序」，即牴觸民主憲法「防衛性民主」。面對世界民主國家防治中國滲透，建立民主防衛機制，台灣不能自外於國際社會。

先生大作《用鮮血和謊言寫下的百年中共黨史》有助民主世界解讀中共暴政及統戰手段，作爲建構民主防衛之基礎，故以「知己知彼 防衛民主」爲題作序。

【代序】
走出幻滅，走向覺醒

李江琳（歷史學家）

我最近爲了瞭解和探索美國左翼共產主義思潮的前世今生，讀了一些親歷者的回憶錄，從三〇年代的「老左」，六、七〇年代的「新左」，到二十一世紀的「剩左」。前些日子拿到了林保華（凌鋒）先生的回憶錄《我的雜種人生》，這是林先生從左派的烏托邦情結中走出來的親身經歷。兩相對照，令人感慨無限。

幻想和希望

林先生出生在印尼華僑家庭。他的父母都畢業於當年的燕京大學，可謂家境優越。特別是母親家族，是滿清官宦人家，身世顯赫。雖然到林先生成長的時候，世事巨變，他已經享用不上家族勢力之餘蔭，出生不久就隨父母移居印尼梭羅，但是相比較那個時代的大多數家庭，林先生顯然是那種衣食無憂且能得到良好教育的幸運者。

在上個世紀全球社會主義思潮風起雲湧之中，出於思想理念迷戀烏托邦而投身於左翼運動的青少年，大多來自這樣的優越家庭。眞正的窮苦人家孩子一日三餐困頓，還顧不得烏托邦理想這種奢侈品。這一點，中國人和美國人是一樣的。

林先生在印尼，從小學開始學習華語，就接觸了左翼思想；一九四九年移居首都雅加達，進了受中共影響和控制的華語中學。讀什麼書往往極大地影響青少年時期的觀念。林先生說到他在印尼時讀的書，開出來的書單幾乎和我在中國讀的一模一樣，甚至更多，除了中共紅色作家的小說，就是蘇俄的革命文藝。林先生說，後來他才知道，那時他接觸的華語老師，有很多已經是共產黨員，而且是中共黨員。按現在的說法，這些人是「外國代理人」，但是那個時代他們信奉的是另一種說法，馬克思說過，「工人階級沒有祖國」，在哪兒都一樣搞共產主義革命。林先生就是在印尼成長爲一個熱情的左翼青年。

一九五五年，林先生毅然回國，要在中國完成學業。在回國的船上，他們這些青年人唱的是蘇聯歌曲《青年團員之歌》：「聽吧，戰鬥的號角發出警報，穿好軍裝拿起武器，青年團員們集合起來踏上征途，萬衆一心保衛國家。」

從希望到幻滅

一九五六年，林保華先生參加第二次高考，考取了被譽爲「第二中央黨校」的中國人民大學。我們年輕時都知道，這所大學是培養黨和國家的幹部的，後來被我們戲稱爲共產黨的「第二神學院」。當他看到自己榜上有名的時候，十分興奮，因爲這證明他的「政治覺悟」得到了黨的認可。他進了人大的中共黨史系，研讀中共革命歷史。青少年時期的林先生其實是一個循規蹈矩的人，讀書就要認眞讀好，於是他眞地下功夫去研讀從《資本論》到時事，從國際共運史到中共秘史。中共的這一套半眞半假的知識體系，林先生多少年之後必須痛苦地一一重新消化，重新鑒別，從面面俱到的謊言中發現歷史事實。這個過程，我這樣從中國出來的人都經歷過。當時人大的課程學習對林先生的一生非常重要，他通過這幾年的讀書經歷，比任何人都熟悉了中共的語言和邏輯。中共是怎麼闡釋歷史和現實的，是怎麼對待事實眞相的，是用什麼話語來解釋一切的，那一套曾經迷惑過無數青年，現在依然在矇騙中國的青少年，但是騙不了林保華，他是這個專業的，他眞的研究過。

但這是後來的事情。在他剛進入人大的時候，還是滿懷希望的時候。由於他的家世不同常人，由於他在印尼時期的革命熱情和表現，由於他是從海外回國投奔革命的，他的個人條件有其特殊性，他本來是黨的培養對象，是有望在中共的革命隊伍裡進入「快車道」的。可是他這樣沒有眞正經歷過中共革命的人，太把話語當眞，不跌跟斗才怪。一九五七年，進人大才一年多，反右運動開始了，他就以表現得不夠革命而受到批判。還好「覺悟快」，黨對他「寬大處理」，「免予處分」，在政治上定為「中右」。

林保華先生此後就這樣在中國緊鑼密鼓的歷次政治運動中「鍛煉」和「改造」將近二十年。這一段經歷是十分痛苦的，他在回憶錄中寫得雲淡風輕，似乎是在講述另外一個人的心路歷程，中立而客觀。他記下了大量細節，這些記載本身就極有史料價值。我們這些親歷了文革的人，如果記不起當年的事情了，可以到林先生的回憶錄裡去找找，那幾乎就是一部文革詞典，讀來有重回舊時而身臨其境之感。

到一九七四年，文革將要終結的時候，他在海外的父母終於可以來看望他了。父母和他是怎麼談的，他沒寫，我卻這樣來腦補：「兒子啊，共產黨革命的滋味你已經嘗過了，現在，可以回家了。」他們給他編造了一個要出國繼承遺產的理由，讓他申請出國。第一次，在申請了一年後，組織上說不批准，什麼原因也不說。林先生回憶說，「我急了，甚至急得哭了。」我讀到此處才明白，這時的林先生，已經從希望革命轉變爲理想幻滅。

一九七六年下半年，林先生終於獲准出國，八月十七日啓程前往香港。幾天後，毛澤東去世，文革結束。但是，林先生再也不會回頭了。他正從幻滅走向覺醒。

覺醒

林保華先生的回憶錄寫到這裡大約是一小半的內容。以後他回憶在香港生活，依靠一支筆謀生養家，給讀者呈現了一個自由城市充滿活力和人情味的生動景象，那是香港最後的美好時光。他以投身中共革命經歷了希望到幻滅的覺醒者的身份，評論時事，談論過去，也談論未來。他的特長是揭示中共話語之下的眞實涵義，事實眞相。你別想哄騙他，要知道他是中共自己培養出來的黨史專家，他知道中共黨史的話是怎麼說的，他也知道這些話後面黨實際上是怎麼做的。他太熟悉那一套了。

九七回歸臨近，那時香港有很多人是看好回歸的，想回歸給自己人，總比讓鬼佬統治好。林先生卻明白等待著香港的是什麼。君子不立危墻之下，對中共他不抱一絲幻想，九七之前走人，他移民去了美國。

在美國，林先生仍然是一支筆謀生。他在回憶錄裡一一歷數他對一系列事件和人物的評論。我就是在那個時期結識了筆名凌鋒的林保華先生。再以後，痛感於美國遠離華人世界，他的華語讀者大多是在中國和台灣，於是林先生毅然移居台灣，直到現在。在這幾十年裡，他的筆一刻沒停。凡是中國和台灣發生的重大事情，那些形形色色的人物和表現，他都及時做出評論，目光犀利，下筆如有神。一直到今天，每隔一兩天，我就能收到林先生評論文章的郵件。他的寫作，質和量都讓我徹底佩服。我非常高興的是，對中國美國和海峽兩岸的事情，我的看法和他的評論高度重合，只要涉及中共的動機和作為，我們的看法就基本一致。我想，原因也簡單：我也是從中共革命陣營裡出來的，我們都知道那裡面有些什麼。

幻滅以後怎樣？

自從文革以後，我們看到很多當年左派的理想幻滅了。但是幻滅以後並不一定會走向覺醒的。在西方，上世紀二、三〇年代的「老左」，嚮往天堂般的蘇聯。赫魯雪夫在蘇共二十大上的秘密報告，令他們瞬間幻滅。但是他們中很多人轉變成六、七〇年代的「新左」，他們找到了新的革命樣板，那就是毛的革命路綫，越南和古巴。文革結束，越南和古巴難民投奔怒海出逃，給一部分「新左」猛擊一掌，理想幻滅，走出左派烏托邦，但是仍然有另一部分留在左派陣營裡，成爲今日「剩左」（left-over left）。

在中國，情況有所不同。很多當年左派幻滅後拒絕覺醒。更多的幻滅者，卻被迫沉默，假裝「到此爲止」，讓黨相信他們並沒有覺醒。幻滅以後，覺醒是需要客觀條件的，因爲過來人都知道那個陣營對異見者會何等殘酷。只有很少的人，幻滅後走向覺醒，還能保全人身和人格的完整。

所幸的是，林保華先生是在第一次出現可能性的時候，就走出了中國，來到了自由世界。我們這些走出來的人，有了覺醒的條件。我們不忘過去，我們懂得自由之可貴。林保華先生的回憶錄細節豐富，很有史料價值，他用自己一生經歷，寫出了我們這樣的出走者經歷幻滅與覺醒後的心聲和希望。

自序

林保華

每逢逢十的中共建黨紀念日，看到那些自吹自擂的中國內外宣文章，就有一股反擊的衝動。因爲我在大學讀的系科，是全球唯一的「中共黨史系」，而我自少年時期，即使身在印度尼西亞，就浸淫在黨的教化下，又有在中國生活二十一年的經歷，是每次政治運動中的邊緣人物，尤其經過文革一役，對中共黨史更有切身的領會。

一九八一年文革剛結束，百廢待舉，當時中共有自知之明，不敢慶祝。一九九一年是六四屠殺之後，要提高黨的偉大形象，拍了電影《大決戰》的三部曲，也就是遼瀋戰役、淮海戰役、平津戰役。不打自招這就是中共建黨以來最偉大成果，也就是「中國人打中國人」。

二〇〇一年八十週年時我已退休身在美國，趕緊將我一九七六年移居香港以來所寫的史評及不同片段的回憶錄集結出版《中共風雨八十年》一書，余英時先生在序言中說這是「跡史」與「心史」的結合。當時中共拍了一部電視片集《你是一面旗幟》，我在一家海外民運刊物上寫了一篇〈你是一個流氓〉來回應。然而發表時題目不幸被修改了。在印尼時，我就會唱《你是燈塔》那首歌頌中共的歌曲，按照燈塔指引的方向去走，才發現那是一個流氓。這是我對中共黨史長期反思的結論。

二〇一一年我已經移居台灣，我想能否對中共黨史做一個系統性的簡要論述，在建黨九十週年前的大半年前開始動筆，然而寫到一九四九年建國以後我就放棄了，因爲連自己都覺得不知趣。事後檢討，我認爲因爲沒有擺脫中共爲黨史分期的框架，例如建黨時期、第一、二、三次的國共內戰時期、抗戰時期等，主題已經被中共誤導了。

今年中共建黨一百週年，又碰上習近平這個好大喜功的紅二代紅衛兵，自然要大肆炒作。而自己上了年紀，就是心有不甘也已缺乏精力去應對。還好自己當年的熱血還沒有完全冷卻，在去年春天徵得華人民主書院王興中承諾給我拍攝後，決定用最簡單的口述方式講述這一百年被中共一再掩蓋的黨史內容，趕在春夏之交拍攝完畢。這次我按照每個十年發生的重大事件來講述黨史，突出中共最不願被人見到的一面。除了用新的角度來認識當年學到的黨史，還有相當一部分是一九八〇年代中共改革開放期間禁區較少而學術界思想比較活躍時期披露出來的內幕。

然而口述太簡單，上網也沒有好好宣傳。我不甘心，也記住文革前夕毛澤東對太平天國忠王李秀成所做的叛徒評價，聲稱「白紙黑字，鐵證如山」，我也要將它化爲文字。於是對口述提綱做了補充化爲文章。正好習近平又要在中共十九屆六中全會通過什麼第三份歷史決議，我也就徵得網路媒體《民報》的支持，在習近平的決議發表後，我也連續發表十篇文章，揭露經過塗脂抹粉的中共百年黨史。

文章發表後，台灣史專家李筱峰教授建議我出書，可是因爲字數太少，乾脆再找主要是近二十年來新寫的二十三篇史評時評，集結出書。

我的人生旅途已經不多了，本來以爲二〇一九年出版了《我的雜種人生：林保華回憶錄》，完成「遺書」後不會再出書了。哪裡想到形勢比人強，習近平的反作用力不容小覷，在朋友們的鼓勵與幫助下，再留多一冊「遺書」。

上一本書出版的時候，正是香港反送中運動如火如荼開展的時候。這次又碰上俄羅斯入侵烏克蘭，人民血濺大地、流離失所；而來自「祖國」的武漢肺炎則正在蹂躪中共實施國安法後完成「第二次回歸」的香港，有的醫院被形容爲「屍橫遍野」。接著連中共誕生地的上海也慘遭封城，中共製造的武漢肺炎繞行地球一週再回來反噬中國老百姓！這兄弟黨兄弟國家是全球最大的禍害，不但各自努力，而且聯手施虐。西方國家已經給俄羅斯加上「流氓國家」的稱號，可是爲何沒有對中共一黨專政下的中國也給予同樣待遇?川普政府曾就中共對美國駐香港領事館人員進行霸凌時給他們加上「流氓」兩字，但是至今還維持對「流氓」的「戰略模糊」。

我這本書從頭到尾就是點明中共就是靠鮮血與謊言建立起來的流氓政黨及流氓政權，尤其期盼年輕一代認識這一點。希望台灣人、中國人、美國人、全世界所有人對中共都有這樣的認識，才有與之抗爭的決心，人類才可以免遭浩劫。

文中的譯名因當時不同地區的讀者而異而基本保持原樣。書中有若干歷史圖片是二十年前一位流亡海外的延安老革命留給我的，她叮囑我，只有中國實現民主化，這些照片才可以送回北京。照片有一百多張，都是中共元老們及其家屬的珍貴照片，我期望可以有這樣的一天而不必再傳給下一代。

二〇二二年四月二十八日

第一部分

中共百年黨史扼要

前言

中共十九屆六中全會已於十一月十一日光棍（流氓）節閉幕。全會通過了《關於黨的百年奮鬥重大成就和歷史經驗的決議》。與一九四五年及一九八一年通過的歷史決議不同的是，這個決議完全是對百年中共的吹捧，更是習近平本人的自我吹噓。為此，我也以微薄之力對百年黨史進行簡要的正本清源工作，試圖還原一些眞相，希望大家正確認識這個百年怪胎，為人類除害。我將百年黨史分為十個十年，分十篇在台灣《民報》刊出，週一到週五每天一篇。在此也感謝《民報》的支持。

一、中共從知識分子沉淪爲流氓無產者

（一九二一～一九三〇）

早期馬克思主義是中國留日學生從日本經濟學家河上肇那裡帶回來的，源於西歐而比較純眞，透過一九一九年前後五四新文化運動時期的《新青年》與《每週評論》兩本雜誌散佈。一九一七年十月革命後多年才由設立在莫斯科、由蘇聯完全掌控的共產國際帶到中國來的，已夾雜農奴革命的列寧主義，後來更帶上史達林主義的殘酷性，因爲經歷了俄羅斯的血腥革命，加強了對殘酷無產階級專政的論述與黨內鬥爭的經歷。當時中國共產主義者代表人物「南陳北李」，陳獨秀與李大釗都是北京大學教授，帶著理想主義來認識共產主義。

後來得勢的是毛澤東，是農村出身的小知識分子，充滿了痞子味。五四前夕毛澤東在北京，寄居在楊昌濟教授家裡，並在北京大學圖書館擔任助理員。當時擔任圖書館主任的李大釗月薪一百五十大洋，文學院院長陳獨秀三百大洋，毛是八塊錢。來往的教授、大學生也沒有把他放在眼裡，形成後來他對「大知識分子」的仇視。

一九二一年在上海召開的中共「一大」，不像以後宣傳的那樣具有開天闢地的偉大理想。因為開會日期沒有人記得，毛澤東自己不記得，到一九三九年才由他宣佈七月一日是黨慶紀念日。一大正式開會日後來根據各方考據是七月二十三日。陳獨秀與李大釗都沒有出席，陳獨秀在廣東做教育廳長，派記者

陳獨秀（左）、李大釗（右）。（取自網路）

包惠僧與會，後來中共不承認，說他是記者而不是代表，才有是十二名還是十三名代表的爭議。然而既然是秘密會議，來記者幹嘛？毛澤東死後才確認是十三名代表。十三名代表中，周佛海與陳公博後來做了漢奸，李大釗是一九二七年躲在蘇聯大使館被張作霖拉出來絞死。

一九四九年後的中共黨史把毛澤東作爲創黨主角，其實他只是一大代表，在會議上擔任過記錄。會議選出的中央局由陳獨秀、張國燾、李達三人組成；陳是總書記，張是組織委員，李是宣傳委員。

中共一大通過的反帝反軍閥黨綱也不見了原文，後來從蘇聯檔案館翻譯成中文。共產國際派荷蘭的猶太人馬林來指導一大，因爲巡捕的闖入，馬林帶代表立即撤離，才免於被一網打盡。馬林以後說服陳獨秀接受共產國際的金錢資助（這個資助到二十年後共產國際解散才結束），並且跨黨加入國民黨。孫中山也被共產國際收買，給予武器換取由蘇聯駐軍蒙古，實際上就是蒙古獨立，並允許共產黨跨黨加入國民黨，毛澤東還擔任過國民黨的代理宣傳部長。共產國際與蘇聯先後派了越飛、威辛斯基等統戰孫中山，再後來派來顧問鮑羅廷協助改組國民黨成爲列寧式政黨，與加侖將軍支持黃埔軍校並參與北伐，顛覆北京正統中央政府。中共打國民黨旗號推動工農運動，發展自己組織而聲勢大振，自然也引發國民黨人的警覺。一九二五年孫中山死後，蔣介石一九二六年開始清黨已經來不及了。

一九二七年四月北伐軍佔領上海，蔣介石武力清黨時，中共在軍隊已經有相當影響力，所以組織八一南昌暴動，朱德、周恩來等失敗流竄到廣東，周經香港回上海，朱德到湖南。而在湖南搞農民運動（當時被稱爲「痞子運動」）的毛澤東帶領農民發動秋收暴動，然後帶隊到湖南、江西邊界的井岡山騙取土匪王佐、袁文才的信任而落草，次年朱德帶兵來井岡山會師，吃掉了土匪，並向贛南、閩西發展，形成後來的「朱毛」中央紅軍的革命根據地。主張資產

井岡山時期的毛澤東（中）、朱德、林彪等人合影。（作者提供）

階級民主革命的創黨總書記陳獨秀在暴動聲中下台，罪名是右傾機會主義。

毛澤東到江西永新，十七歲的賀子珍向他匯報工作，隨即就上床而成爲壓寨夫人。毛置第二任妻子、楊昌濟的女兒楊開慧與三個兒子於長沙而不顧。三年後楊開慧終於被國民黨逮捕槍斃，兒子被安置到上海。

除了中央根據地，張國燾在大別山建立鄂豫皖根據地，賀龍建立湘鄂西根據地。之所以選擇各省的邊境，就是因爲那是三不管地帶，而且是易守難攻的窮困山區。當時通稱爲「蘇維埃運動」。但是就在這個最艱難的時期，蘇區內部的肅反運動也不斷擴大，殺了大約十萬自己人，以反「ＡＢ團」最著名，其中紅二十軍副排級以上幹部全被槍決。

一直居於「老二」卻掌握實權的周恩來則在上海與黨中央搞白區地下工作，實際形成兩個中央。在白區的知識分子領導工人階級，大部分犧牲或脫黨，缺乏實力。一九二八年在莫斯科召開中共「六大」，由蘇聯指定純正產業工人的總書記向忠發，用共產國際資助的公款包養妓女被國民黨活捉投降；負責高層保衛工作的特工頭子顧順章也在一九三一年被捕投降，都造成白區黨重大損失。

在紅區的毛澤東因爲熟悉中國歷史朝代更替與流寇興亡，緊握槍桿子，以「打土豪、分田地」與「打土豪、分浮財」吸引流氓無產者；甚至以燒殺搶掠極端手法使農村有產者破產淪爲無產者而迫使他們參軍謀取生路，因此隊伍不斷擴大，成爲後來共產黨的基本骨幹。

中共精於掠奪破壞而不懂建設，以及養成流氓脾性而延續到現在成爲流氓國家的原因就在於此。然而中共卻說這是「農村包圍城市」，是毛對馬列主義的創造性發展。西方國家如果把中共視同本國共產黨或蘇聯共產黨，都將犯絕大錯誤。

二、蘇維埃中國從江西到陝西

（一九三一～一九四〇）

一九三一年中共中央在白區站不住腳，開始逐步轉移到江西紅區投奔毛澤東，他們打著共產國際的中共中央正統旗號，形成強龍壓住地頭蛇，把毛澤東靠邊，毛澤東也就裝病韜光養晦。

一九三一年十一月七日中共在江西瑞金成立「中華蘇維埃共和國」，「蘇維埃」是俄語中的工農代表會議。這一天也是蘇聯的國慶日，紅軍根據地被稱爲「蘇區」。被投閒置散的毛澤東出任國家主席，是爲「毛主席」的開始。從此有了「兩個中國」。這第二個中國實際上是蘇聯的「兒子國」。

但就在這一個多月以前，還發生「九一八」事件，中共藉機提出抗日口號。中共抗日是假，保衛蘇聯才是眞。因爲一九二九年蘇聯與國民政府張學良部隊爲東北中東路

中華人民共和國前身中華蘇維埃共和國的開國貨幣，頭像是蘇聯國父列寧。（取自網路）

事件發生武裝衝突時，中共口號是「保衛蘇聯」。中共也沒有因爲九一八而與國民黨合作抗日，而是成立第二個中國在背後插了一刀，形成對國民政府的兩面夾擊。

所以抗日口號喊得再響，實際目的還是施壓國民政府拖住日本，避免日本利用東北入侵蘇聯的西伯利亞。中共創黨總書記陳獨秀不同意「保衛蘇聯」口號，三次致信中央而被開除黨籍，淪爲「托洛斯基陳獨秀匪幫」。

國民黨對江西紅軍進行五次圍剿。共產國際後來派來德國人李德（華夫）取代毛澤東指揮紅軍，錯誤的放棄游擊戰而走正規戰路線連打敗仗，一九三四年決定放棄江西蘇區往西逃竄，而且一路被追打，尤其湘江戰役損失慘重。由於毛澤東裝病，一路上他躺在擔架上由士兵抬著主席長征。毛澤東在擔架上與另一個躺在擔架上的「國際派」病號王稼祥（中央軍委總政治部主任）串聯，再拉上國際派的政治局委員張聞天（洛甫），在一九三五年一月的遵義會議譁變，撤了李德職務，另一個國際派的總書記秦邦憲（博古）被削權，毛進入中央軍委領導小組。爾後毛再用陰謀排擠並分化在四川會師的兵強馬壯的張國燾四方面軍，終於在十月到了陝北。這時中共殘部只剩三萬人左右。

繼陳獨秀擔任總書記的瞿秋白是知識分子出身，因爲左傾被打擊，生病卻享受不到躺在擔架上長征的待遇被丟在長汀而被國民黨俘虜，臨槍斃前留下《多餘的話》，述說他加入共產革命是「歷史的誤會」，文革期間他被當作叛徒刨墳鞭屍。

毛澤東一到陝北，立即派陝北紅軍負責人劉志丹「東征抗日」，經過山西閻錫山地區被打死成爲烈士。有說子彈是後方打來的，懷疑是負責首長安全的警衛員開槍。毛把劉志丹出生地保安縣改爲志丹縣，並大力提拔重用劉的戰友高崗以安撫陝北幫。但在中共建國後第一批被整肅的就是陝北幫。

劉志丹剛死，毛又派張國燾的精銳部隊組織西路軍西征去打通陝北到親蘇聯的新疆（盛世才）的通路，毛澤東在陝北故意亂指揮，西路軍在甘肅河西走廊暈頭轉向，被回民騎兵的馬家軍殲滅。總指揮徐向前、政委陳昌浩隻身逃回陝北，李先念帶了幾百名殘部到了新疆。張國燾失去實力，被毛澤東批鬥，不久逃往西安國統區。毛澤東兩次借刀殺人後鞏固了自己在軍隊中的地位。

希特勒的崛起，蘇聯與共產國際被迫與西方民主國家和解搞統一戰線。他們也要中共以抗日爲名搞統一戰線與國民黨合作拖住日本。毛澤東在陝北花很大力氣統戰包圍他們的東北軍張學良部，口號是「中國人不打中國人」。張學良接受統戰，毛澤東在延安站穩了腳，逐步形成陝甘寧邊區。

一九三六年十二月十二日張學良發動西安事變活捉蔣介石。毛要槍斃蔣，被史達林喝止，最後與蔣第二次國共合作，讓中共得到喘息機會。七七抗戰，陝北紅軍改編爲國軍，俗稱八路軍，留在江西的紅軍改編爲新四軍。他們表面上接受國民政府領導，領取經費軍餉，實際上中央政府忙著對付日本，毛澤東則提出「一分抗日，兩分宣傳，七分發展」。林彪指揮的平型關戰役與彭德懷指揮的百團大戰都被毛澤東批判，說過早暴露了中共的實力而引來日軍的掃蕩。

這時，毛澤東也開始整肅從莫斯科坐飛機回到延安的國際派領袖陳紹禹（王明），擔心他會來爭奪領導權。

毛澤東利用國共合作初期的蜜月時段大事著述進行理論建設，爲未來成爲無愧的偉大領袖做準備。這些理論建設包括實踐論、矛盾論，扮演哲學家角色；完成抗日游擊戰爭的戰略問題與論持久戰充當軍事專家；寫了中國革命和中國共產黨成爲歷史學家；又有若干黨內指示或講演闡述一系列黨的統戰策略；新民主主義論則是建國綱領。政治策略權謀、軍事戰略戰術是毛最拿手的，其他如哲學部分與歷史部分可能由別人操刀經他過目修改，例如中國革命和中國共產黨有關中國歷史部分，相傳是歷史學家范文瀾執筆。後來擔任毛澤東秘書的胡喬木也曾爲毛操刀，包括潤飾毛的磅礴詩詞。但毋庸置疑，在政治學識方面，毛以後沒有一個中共領導人超越他，習近平更是小兒科，與毛相比是幼稚的可笑。

1936年12月12日張學良發動西安事變活捉蔣介石。毛要槍斃蔣，被史達林喝止，最後與蔣第二次國共合作，讓中共得到喘息機會。西安事變主角蔣介石（右）、張學良（左）及楊虎城（中）在事變發生前合影。（取自網路）

三、生產鴉片，箝制思想，推翻民國

（一九四一～一九五〇）

中共假抗日、眞發展，導致國共合作不能持久，國民政府停發經費，共產國際的經費也減少，迫使毛澤東提出自力更生口號，開展大生產運動。其主要內容就是種植鴉片。過去中共一直隱瞞這個醜事。由前中共總書記胡耀邦家族支持的《炎黃春秋》二〇一三年九月號圖文並茂詳細記載，把鴉片稱爲「特種商品」或「土產」，由任弼時負責。南泥灣就是種植鴉片地區。紅歌《南泥灣》第一句「花籃的花兒香」就是「罌粟花兒香」，痞子殺人王王震就是三五九鴉片旅旅長。政府將鴉片收歸國營，沒收民間的鴉片，「國進民退」在那時就開始了。

中共高層對種植鴉片有爭議，陝北出身的高崗反對，但是最後還是由毛澤東拍板決定，聲稱鴉片也可以「革命」。毛澤東親手題了「自己動手，豐衣足食」八個字。

的確，鴉片佔了邊區政府一九四二年歲入的四成，還有盈餘，做到了「豐衣足食」。毛澤東一九四四年所寫《爲人民服務》，也就是文革要大家反覆學習背誦的「老三篇」之一紀念張思德的《爲人民服務》，所謂燒炭時塌窯，就是提煉鴉片塌窯而死。一九四五年中共七大，任弼時躍升爲五人書記處的書記之一，還出任中共中央秘書長。沒有戰功的王震在中共建國後一直得到毛澤東與鄧小平的寵愛。如今中共還大罵鴉片戰爭眞是恬不知恥。

與大生產運動同時，毛澤東以整風運動整頓黨內的路線問題，徹底清除政治上對手、莫斯科最信任的王明。王明與周恩來在國統區搞統戰，毛在延安搞整風，表面上整頓三風（主觀主義即教條主義、宗派主義、黨八股），實際上打擊王明爲首的國際派。毛澤東醜化知識分子，他修改的〈教條和褲子〉黨報社論中批判那些「紅色教授」，要他們「脫褲子」，因爲「問題發生在他們的貴體下」，還因爲褲子下「躲著一條尾巴，必須脫掉褲子才看得見」，而「各人尾巴粗細不等」，因此割尾巴所需「刀的大小不

毛澤東提出自力更生口號，開展大生產運動。其主要內容就是種植鴉片，南泥灣就是種植鴉片地區。圖為1942年，朱德（右3）、賀龍（右4）在王震（右2）陪同下，視察南泥灣。（取自網路）

等，血的多少不等」。那些知識分子被嚇到屈膝。

對知識分子開刀，王實味、丁玲首當其衝。因爲他們披露了共產黨號稱平等的等級制度，「食分五等，衣著三色」。毛澤東一九四二年做的動員報告《在延安文藝座談會上的講話》規定了至今未變的文藝圭臬：文藝爲工農兵服務，政治標準高於藝術標準。

整風最恐怖的是後期全面的「審幹」與「搶救運動」。毛澤東說「懲前毖後，治病救人」，實際卻是「殘酷鬥爭，無情打擊」。大批投奔延安的年輕人被打成特務或自殺。王實味也被捕。一九四七年中共撤離延安時以節省子彈爲名將他砍頭。高華的《紅太陽是怎樣升起的》對整風運動有非常翔實的描述。

毛澤東和李訥（毛澤東與江青的獨生女兒）。（作者提供）

這段時間毛澤東則是歌舞昇平。延安常常組織舞會，與毛澤東傳出緋聞的有英文翻譯吳廣惠（譯音）與美國記者史沫特萊。賀子珍看到毛澤東與史沫特萊相擁跳舞，打了毛澤東一巴掌，兩人用凳子椅子對打，賀被送到蘇聯精神病院，江青趁虛而入成爲毛夫人，黨內爲此還引起爭議。賀於一九四九年回國，但一直無法與毛會面。

到了一九四四年，整風告一段落，王明、洛甫等國際派被打倒，毛澤東做了〈學習與時局〉的總結，中共六屆七中全會在一九四五年四月二十日通過著名的《關於若干歷史問題的決議》統一全黨思想，對中共建黨以來的路線鬥爭做了總結，只有毛的路線是正確的，白區路線的正確代表則是劉少奇的「隱蔽精幹，長期埋伏，積蓄力量，以待時機」。

四月二十三日召開中共「七大」，毛澤東做〈論聯合政府〉報告；劉少奇做修改黨章報告，提出「毛澤東思想」是一切工作的指針，是馬列主義的中國化，也就是馬列主義與中國封建專制文化的結合。毛澤東成爲黨的「毛主席」，劉少奇成爲接班人。這時的共產黨員已經有一百二十萬人，軍隊接近百萬。

八月六日，美國向廣島投原子彈，八月九日蘇聯出兵東北，同一天美國在長崎再投原子彈，八月十五日日本無條件投降。當時中共中央立即派幹部帶領部分軍隊「跑步進入東北」，接受蘇聯從六十萬日本關東軍繳獲的武器裝備甚至人員，東北成爲「解放全中國」的基地。

八月底毛澤東應蔣介石邀請在美國駐中國大使赫爾利陪同下從延安飛到重慶談判，簽署雙十停戰協定，但國共美三方成立軍調處也無法履行協議，第二年爆發全面內戰。雖然一九四七年三月國軍攻下延安，但只是空城，胡宗南的精銳部隊在延安附近被殲滅，因爲胡宗南機要秘書熊向暉是共諜。一九四七年冬共軍進入戰略反攻階段。一九四八年秋天開始舉行三大戰役：遼瀋戰役、平津戰役、淮海戰役（徐蚌會戰）。三大戰役中全都有被滲透的國軍將領「起義」。國軍貪污拉夫，士無鬥志，共軍因爲土改得到農民支持，前方參軍、後方支援，士氣旺盛。數百萬國軍被殲滅。年底國民黨求和不成，毛澤東回以「將革命進行到底」，和談代表團遂全部投共。美國想

毛澤東、朱德與赫爾利的合影。（作者提供）

與中共建交，毛澤東以「一邊倒」拒絕。一九四九年十月一日中華人民共和國宣告成立，立即以土改與鎮壓反革命運動殺人來鞏固統治，並且介入韓戰擴張共產陣營。

四、新民主主義騙局釀成大饑荒（一九五一～一九六〇）

一九四〇年毛澤東發表《新民主主義論》，闡述未來國家的政治、經濟、文化綱領，自稱它才符合孫中山聯俄、聯共、扶助工農三大政策的新三民主義，才是名副其實的中華民國。一九四五年發表〈論聯合政府〉述說未來與其他政黨合作成立的聯合政府模式，聲稱「廢止國民黨一黨專政，建立民主的聯合政府」。期間中共在重慶的機關報新華日報歌頌美國民主萬歲等等，欺騙了反蔣的「民主人士」，也欺騙了美國，出現了一批親共的「中國通」。

中華人民共和國成立，全國政協制定「共同綱領」作爲臨時憲法，新中國在毛主席以下設立六個副主席，三個是共產黨，三個是民主黨派；政務院副總理只有一個黨外人士，另一個是「黨外布爾什維克」的郭沫若。似乎這就是新民主主義國家的聯合政府了。一九五四年召開第一屆全國人民代表大會通過中華人民共和國的第一部憲法時，剩下毛澤東與朱德作爲國家正副主席，民主黨派那些國家副主席降格爲人大副委員長的橡皮圖章，掌握實權的十個副總理全是共產黨員。

中華人民共和國成立，立即開展五大運動：土地改革、鎮壓反革命、抗美援朝、知識分子思想改造、三反五反。

土改在新解放區開展。鎮反一九四九年十二月到一九五四年一月，抓了兩百六十二萬多人，教育釋放三萬八千餘人，其他殺關管，其中殺了七十二萬兩千人。中共組織小學生參觀槍斃反革命的場面。毛澤東起初亂提殺人指標，導致殺人失控，後來又扮好人說，不能像割韭菜那樣殺人。

抗美援朝顚倒黑白說是南韓首先入侵，中國打敗仗卻說是美國打敗仗，美軍死亡五萬多人，中國不肯公佈，估計近四十萬人，包括不遵守軍紀而被炸死的毛太子岸英。因爲抗美援朝而發動清除知識分子的恐美、親美、崇美思想，是第一波整肅知識分子，連帶取締教會學校。三反是反貪污、反浪費、反官僚主義，很快又說這些是資本家造成的，改爲五反來反資本家，一些資本家被批鬥自殺。鎮反後來又發展到肅清暗藏反革命分子運動（由批判文藝界的胡風集團開始）。這些都以恐怖手段鞏固中共的統治。

一九五三年也首次以「反黨集團」之名假劉少奇之手清洗高崗、饒漱石。

一九四九年四月劉少奇在天津說，中國資本家不是太多而是太少。一九五二年底中共提出了過渡時期總路線：要在一個相當長的時期內，逐步實現社會主義工業化，並逐步實現對農業、對手工業和對資本主義工商業的社會主義改造。時間約十五年。但是一九五六年一月，也就是提前十二年完成經濟領域社會主義改造。「新民主主義」曇花一現。農民的

1956年9月中共八大，劉少奇做政治報告，取消毛澤東思想，毛澤東開始警惕「中國赫魯雪夫」。圖為1956年中國共產黨第八次全國代表大會的第一次會議。（取自網路）

私有土地沒有幾年又歸「集體」所有。這一年也提前一年完成蘇聯援助下的第一個五年計劃。

一九五六年二月蘇共「二十大」，赫魯雪夫批判已故的史達林，反對個人崇拜，國際共產主義運動陷於混亂。九月中共八大，劉少奇做政治報告，取消了毛澤東思想。毛澤東開始警惕「中國赫魯雪夫」。十月發生匈牙利革命，中共逼迫蘇聯出兵鎮壓。毛澤東擔心在中國重演，於是在一九五七年春天發動大鳴大放，以幫助共產黨整風為名引蛇出洞；六月上旬轉為反對資產階級右派分子的進攻，到一九五八年中才正式結束。

民主黨派要求共產黨實現民主聯合政府諾言，章伯鈞、羅隆基提出輪流執政與參與政治設計成為右派首腦，儲安平批評「黨天下」後失蹤。根據毛澤東提出的指標，全國因為不同罪名成為右派分子有五十五萬到一百萬人，主要是知識分子；毛澤東稱此為「政治思想戰線上的社會主義革命」。反右清算了國民黨起義將領，雲南王龍雲、桂系第三把手黃紹竑等被打成右派，也開始清除白區出身的中共地下黨。右派分子定為敵我矛盾，四類分子再加一個而成為地富反壞右「黑五類」。

毛澤東為爭奪國際共產主義運動領導權而逐漸公開反蘇，穿游泳褲接見赫魯雪夫以示藐視，要走自己的路。拿了蘇聯的核技術卻拒絕蘇聯成立聯合艦隊的要求，說是蘇聯干涉中國內政。一九六〇年中共發表〈列寧主義萬歲〉開始批判蘇聯修正主義運動，由不點名到公開點名，國際共運正式分裂。

反右的後遺症很大，中國成爲一言堂，沒人敢再表達與共產黨不同的意見。一九五八年成立人民公社「大辦糧食」，放畝產幾千、幾萬斤糧食衛星。接著大辦鋼鐵，當年要年產一〇七〇萬噸，因爲一九五七年是五三五萬噸，須翻一番（翻一倍之意）。於是制定「鼓足幹勁，力爭上游，多快好省建設社會主義」的社會主義建設總路線，鼓吹「一天等於二十年」，要超英趕美大躍進跑步進入共產主義。大躍進、人民公社、社會主義建設總路線號稱「三面紅旗」。

大煉鋼鐵導致農村沒人生產，公糧按照上報的浮誇產量徵收，把農民家裡的穀種都抄光，農民陷入饑荒，吃飯不要錢的公社食堂解散。

一九五九年八月召開八屆八中全會，毛澤東要

人民日報
RENMIN RIBAO
麻城建国一社出現天下第一田
早稻亩产三万六千九百多斤
福建海星社創花生亩产一万零五百多斤紀录

人民日報刊載湖北麻城創下早稻畝產出3萬多斤記錄的報導。（取自網路）

糾左，不料江青隨毛澤東到了廬山，毛的前妻賀子珍在當年江西老戰友協助下也到達廬山第一次見毛，使毛苦於應付。國防部長彭德懷因爲毛澤東拒絕見面而寫信給毛，批評社會上左傾小資產階級狂熱，爲毛添亂。毛澤東惱羞成怒，將會議改爲批判彭的右傾機會主義，毛彭相互罵娘，又產生彭黃張周（黃克誠是總參謀長，張聞天是外交部副部長，周小舟是湖南省長）反黨集團。

中共一直隱瞞大饑荒死亡人數，根據各種方式的統計，例如將一九五九年前每年人口增長平均增長率與一九五九到一九六一年三年內平均人口增長數比較，有全國的，也有各省到縣地方誌的統計，得到大致有三、四千萬人不正常死亡的結論。中共將這個滔天罪行推給「三年自然災害」與「蘇修」向中國逼債。其實當時沒有全國性自然災害，蘇聯要向中國提供糧食卻被拒絕。

五、文革史無前例，亂局卻難收場

（一九六一～一九七〇）

大饑荒死了三千多萬人，中共在一九六二年一月召開縣委書記以上的七千人大會，開了近一個月。國家主席劉少奇承認是三分天災，七分人禍，主動做檢討。劉雖說這不是路線錯誤，而是執行的錯誤，但是他說：人相食，是要下罪己詔的。暗指毛澤東要罪己。毛澤東被迫做自我批評，承擔責任；同時卻鼓動接任彭德懷出任國防部長的林彪講話，說錯誤是因爲沒有按照毛澤東的指示做。總理周恩來也讚揚林彪的講話，總書記鄧小平沒有讚揚林彪，這就成爲後來文革「兩個司令部」的雛形。

十月，災情已緩，中共召開八屆十中全會，毛澤東再度強調階級鬥爭，批判黑暗風、單幹風、翻案風，推翻了七千人大會精神。

這時毛澤東一邊找彭德懷，委任他做三線建設副總指揮，對他說，也許將來歷史會說你是正確的；同時，卻派江青不斷到上海找張春橋、姚文元密謀，他們成爲後來文革小組與寫作班子成員。一九六四年林彪主持的《毛主席語錄》在部隊問世，掀起崇毛熱潮；而九評蘇共中央公開信也提出無產階級革命事業接班人的五個條件，矛頭對準「中國赫魯雪夫」，也就是劉少奇。

一九六五年十一月姚文元在上海發表《評新編歷史劇「海瑞罷官」》，批判歷史學者、北京市副市長吳晗在該劇爲彭德懷鳴冤叫屈，吹響文革號角，再揪吳晗後台、劉少奇老部下、北京市委書記兼市長彭眞。第二年二月揪出「彭羅陸楊反黨集團」（羅瑞卿是總參謀長，陸定一是副總理、中宣部長，楊尙昆是中共中央辦公廳主任）。

林彪委託江青召開部隊文藝座談會紀要也在此時發表，批判文藝黑線，主要都是當年白區的文藝工作者，就是劉少奇的白區黨。

一九六六年五月下旬，毛澤東親自指示播出北京大學哲學系黨總支書記聶元梓等七人大字報，說是全國第一張馬列主義大字報。大字報內容批判北大黨委書記陸平，又是彭眞的人。

六月一日《人民日報》發表社論《橫掃一切牛鬼蛇神》，於是全國掀起轟轟烈烈用大字報揪出牛鬼蛇神的運動。高幹子弟多的中學組織紅衛兵起來造反，得到毛澤東的支持。但是毛澤東卻離開北京到湖南，讓劉少奇、鄧小平主持工作。劉鄧按照延安整風與一九五七年先鳴放後反右的傳統，組織工作組進駐各大學，把造反的學生當作反動學生批鬥。

七月十六日，七十二歲的毛澤東在長江游泳，全國掀起瘋狂個人崇拜與敬祝毛主席萬壽無疆的造神運動。八月一日毛回到北京召開八屆十一中全會，五日寫了「炮打司令部」大字報不點名批判劉少奇鎮壓學生運動是「何其毒也」的資產階級反動路線。全會通過文革十六條，重點整走資本主義道路當權派，還取消黨的五位副主席與總書記，改爲十一個常委，林彪排名第二，成爲毛的接班人，劉倒數第四。名單公佈，大家知道出了大事。另外成立中央文革小組代替了中共中央政治局領導文革，紅衛兵運動更加狂熱，破四舊、立四新，在全國串連，全國批鬥牛鬼蛇神，坐噴氣式、戴高帽子、剃陰陽頭等羞辱凌虐方式席捲全國。毛讚揚越亂越好，開始打死

文革中最流行的噴氣式批鬥方式。（取自網路）

1966年的紅衛兵在天安門廣場。（取自網路）

人。劉少奇被迫公開檢討，聲稱「老革命遇到新問題」。

紅衛兵以文革前夕戚本禹對忠王李秀成不忠的批判得到毛肯定進而討伐瞿秋白刨墳鞭屍，再把國共合作後經過中央准許從國民黨監獄寫悔過書出獄的六十一人定位劉少奇叛徒集團一網打盡。劉陷於窮途末路。紅衛兵包圍中南海批鬥劉少奇，劉拿出憲法要捍衛他的權利成爲笑柄。毛澤東的「和尚打傘，無髮（法）無天」成爲經典。叛徒問題也掃到一九三二年的周恩來「伍豪事件」，周怕被刨墳而遺言將骨灰撒在海裡。

紅衛兵全國大串連免費交通與吃住，城市社會秩序大亂。走資派拋出黑材料揪鬥群眾保自己，造反派死盯當權派，中央文革支持造反派，從上到下清除劉少奇的人馬。毛澤東三個多月內八次在天安門檢閱百萬紅衛兵成爲高潮。毛要宋仁窮上將女兒宋彬彬改名宋要武鼓勵了全國武鬥，次年江青鼓吹「文攻武衛」進一步煽風點火。

一九六七年一月上海奪權，奪權與反奪權席捲全國，後來因爲混戰搞不清誰是造反，誰是保皇，毛澤東遂號召大聯合與革命三結合（老中青），但是嚴重對立無法聯合。由於軍隊介入「支左」，武器流到紅衛兵手裡，傷亡更大。一九六八年七月毛澤東派工人階級毛澤東思想宣傳隊進駐學校，在清華大學被紅衛兵打死五人，毛送非洲外賓帶來的芒果慰勞，中國人沒見過芒果，全國上演朝拜芒果的鬧劇，當局用塑膠芒果應急。

工人階級無法領導紅衛兵，該年十二月毛澤東發出最高指示，要知識青年到農村接受貧下中農再教育。連哄帶騙並且強迫學生全部上山下鄉，才解決紅衛兵尾大不掉的問題。然而損害到城市家庭切身利益，文革失去民心。

一九六八年十月八屆十二中全會宣佈劉少奇是叛徒內奸工賊，永遠開除黨籍，然後籌備一九六九年四月的中共「九大」。爲了解決團結問題，三月在中蘇邊界發動珍寶島戰役，號召全國團結對敵，準備打仗，才把大會開成。十月一日林彪發佈第一號令，中央高幹、機關疏散到全國各地，劉少奇也被送到河南，以劉衛黃的名字生病不給醫治，在無人識別的情況下去世。

林彪在九大所做政治報告，原先由陳伯達起草，被批判爲「唯生產力論」，顯見林彪擬以九大爲契機，結束文革，恢復經濟。但是因爲被毛派否定，文革就繼續下去。當年傳達毛在九大的講話，毛提及吃飯時要想到拉屎；似乎在暗示他雖然發動了史無前例的文革，可沒想到要如何收場。

然而緊接著第二年揪出中央文革小組組長、當過毛澤東秘書的「政治騙子」陳伯達，對林彪敲山震虎。

被突然襲擊的蘇聯也不甘心，準備用核武打掉中共，知會美國保持中立。美國卻告訴了中國。毛澤東在內憂外患下透過「乒乓外交」向美國示好，於是中美開始合作抗蘇，扭轉整個世界局勢。

六、中共窮途末路，被逼另謀出路（一九七一～一九八〇）

「九大」的「團結」與「勝利」大會只是曇花一現。江青與林彪誰才是毛澤東眞正接班人終須一鬥，毛澤東自然站在江青一邊。因此毛在清除林彪軍師陳伯達後，批判陳的天才論，再反對林彪奉送給毛澤東「四個偉大」的稱呼。一九六七年毛澤東甘之如飴，到一九七〇年才反對，可謂欲加之罪，何患無詞了。

一九七一年毛南巡製造林彪謀反的輿論的另一理由是林彪主張恢復國家主席，雖然林主張由毛出任，但毛認爲是林自己想做。林的老婆葉群與兒子林立果（空軍作戰部副部長）可是耳聰目明知道毛要清算他們了，夾著林彪在一九七一年九月十三日上三叉戟飛機逃亡。但是飛機在蒙古墜毀，可謂折戟沉沙。雖然毛澤東不必自己出手殺人，但是接班人「叛國投敵」還得解釋一番。當局發表文革初期毛澤東從湖南給江青寫的信，表示對林彪的不信任，以示他的英明預見。然而爲何還把他定爲接班人而越描越黑。

林彪集團留下的《五七一工程紀要》被拿出來批判，民眾反而從這反面教員中產生了反毛的共鳴，尤其說毛利用紅衛兵後又將他們變相勞改，以及不擇手段的黨內鬥爭。毛江集團以「形左實右」來批林批孔批周公（恩來），並且以古喻今，吹捧劉邦（毛）與呂后（江青），反使自己更加孤立。

毛因深受刺激中風，周恩來又患癌症，於是毛啓用鄧小平，

毛澤東（左）與尼克森總統（右）會晤。（取自網路）

鄧也以「永不翻案」騙毛，出任副總理並主持軍務。毛澤東加速聯美抗蘇步伐以穩住國內外局勢。一九七二年美國總統尼克森訪問中國，毛再以「熊貓外交」拉攏美歐日的西方民主國家。

爲了聯美抗蘇，毛澤東做出「開放」的姿態，允許一九四九年後大量回國的東南亞僑生出境，並且大事統戰旅居美歐日的華人。楊振寧、李政道、韓素英之類名人絡繹到北京，吹捧中共以換取他們家屬享有特權。

然而時不我予，毛澤東、周恩來健康迅速惡化，黨內變成江青與鄧小平的直接對壘。江青聲嘶力竭維護文革成果，在一九七五年十一月開展反擊右傾翻案風；但有關江青眞眞假假新舊緋聞到處流傳，還有對美國作家談話的「紅都女皇」事件，嚴重損害毛、江形象，人們同情周恩來、鄧小平、林彪。一九七六年一月周恩來去世，毛沒有出席追悼會，文革派壓制追悼活動，終於爆發「四五天安門事件」，怨氣直指秦皇毛澤東。

此時毛澤東的最高指示只能由貼身秘書張玉鳳與侄兒毛遠新，根據毛的嘴唇蠕動來判斷他在說什麼。最高指示一面批判鄧小平靠不住而撤職，一面把公安部長華國鋒提拔爲總理與中共中央第一副主席而確定爲毛的接班人。

七月二十七日唐山大地震，毛澤東相信天人感應，受到沉重打擊而苟延殘喘，九月九日終於一命嗚呼。生前兩大遺憾是沒能結束文革與解放台灣。華國鋒身爲總理再接任黨主席、中央軍委主席，並且違反毛澤東二十年前意願決定保留毛屍，並且建造毛澤東紀念堂來安放臘肉。

爲了掩飾毛澤東的嗜殺權鬥，中共把毛澤東發動與操控文革的一系列指示說成是「無產階級專政條件下繼續革命的理論」，還吹捧毛澤東思想是馬列主義頂峰，也的確到了頂峰以後就窮途末路了。

在老幹部策動下，十月六日華國鋒連同中辦主任汪東興、實際主持軍委的葉劍英發動活捉江青、王洪文、張春橋、姚文元四人幫的政變。爲了讓政變取得合法性，公佈毛澤東給華國鋒「你辦事，我放心」的紙條而成爲笑談。「四人幫」的稱號也隨著毛澤東一些批示「出土」而大事批判，但是大家都知道眞正的幫主就是毛澤東。

鄧小平也不失時機寫兩封信給華國鋒，聲稱「華國鋒同志是最適合的毛主席的接班人，就年齡來說可以使無產階級領導的穩定性至少可以保證十五年或二十年之久」，並且高呼「以華主席爲首的黨中央萬歲」！

被毛澤東打倒的老幹部在胡耀邦努力下紛紛平反與復出，包括被打成六十一人叛徒集團的主要人物薄一波，鄧小平也恢復原先職務。接下來胡耀邦發動實踐是檢驗眞理唯一標準的大辯論，批判華國鋒的「兩個凡是」（凡是毛主席作出的決策，我們都堅決維護；凡是毛主席的指示，我們都始終不渝地遵循），從而得以解放更多幹部與提升鄧小平職務，並且打破鎖國政策。

一九七八年鄧小平以訪問美國與一九七九年發動懲罰越南戰爭確定親美路線，並且奪取軍委控制權。其後華國鋒再被迫先後辭去總理與中共中央主席兼中央軍委主席職務。鄧小平對華國鋒的十五到二十年保證五年便翻盤。

由於鄧小平顯示親美立場，美國在一九七九年元旦與中國建交而與台灣的中華民國斷交。中國的人大常委會也發表告台灣同胞書對台灣進行統戰分化，但台灣不爲所動。

一九七九年十二月中共召開十一屆三中全會，否定階級鬥爭爲綱，否定文革，對毛澤東要一分爲二，恢復所謂馬列主義路線。此時文革被形容爲「十年浩劫」，導致經濟頻臨破產邊緣。但是文革死了多少人，中共一

鄧小平訪問美國時戴牛仔帽以示親暱認同。（取自網路）

直不肯公佈。葉劍英在內部講話中說死了兩千萬人，應該太誇大；十億人口中有一億受到衝擊應是眞的，一批開國元勳、著名專業人士被鬥死或自殺。

一九八〇年開始電視直播對四人幫的審訊，其中張春橋一言不發以示抗議；江青則公開聲言：「我是毛主席的一條狗，叫我咬誰就咬誰。」人們都知道眞正的幫主缺席審判。這時的中共對自己還有一些信心，認爲改革開放是得民心的。越到後來卻越是黑箱作業，再度靠一大堆謊言來維持統治了。

七、鄧小平設計了改革開放騙局（一九八一～一九九〇）

為了籠絡人心，渡過中共的統治危機，中共摘掉地富反壞右帽子，平反冤假錯案；並且推動權力制衡的黨政分家改革。國際上也營造和平環境，否定了「戰爭不可避免論」，不強出頭韜光養晦。更設立特區，歡迎外資的資金、人才、技術、科學管理。

外界指鄧小平「走資」，對「非毛化」有期待。鄧小平被中共稱為改革開放「總設計師」。然而鄧小平沒有對普世價值鬆口，西單民主牆與魏京生對民主的要求都被鎮壓了。韜光養晦並非真心要與西方國家友好，只是謀取利益的權宜之計。鄧小平一直迴避「姓社」還是「姓資」的爭論，後來乾脆禁止爭論以免騙局被拆穿。外界對鄧小平的一廂情願導致西方國家犯了嚴重的戰略性錯誤。

一九八一年六月召開的中共十一屆六中全會通過了《關於建國以來黨的若干歷史問

題的決議》，最主要是對毛澤東做出歷史評價，確認毛澤東晚年的錯誤，但功大於過的七三開，拒絕了「非毛化」，並對「毛澤東思想」做了詭辯，聲稱它是集體創造、集體所有，正確的是毛澤東思想，錯誤的就不是毛澤東思想。把毛澤東思想的解釋權交給不同時期的領導人來決定，這是沒有客觀標準的投機性功利主義。

一九八二年召開中共「十二大」，廢除黨主席制，胡耀邦出任總書記，地位已經降格，大權在軍委主席鄧小平手上。鄧小平設立中央顧問委員會作爲老幹部退休的過渡階段安撫，他自任主任，實權則交給薄一波。廢除終身制，別人退休鄧小平不退休。胡耀邦贊成鄧先退休，然後他退休，觸怒鄧小平，下台成爲必然。王震等老頑固藉清除精神污染、反對資產階級自由化攻擊改革開放，陳雲以假藥事件否定改革開放。

鄧小平提出「一個中心兩個基本點」（經濟建設爲中心與四個堅持、改革開放兩個基本點），用四個堅持中黨的領導與社會主義道路制約了改革開放。最終改革開放只是偏重經濟領域，政治禁足。四個

鄧小平為深圳特區題詞。（取自網路）

堅持中的核心堅持黨的領導就是堅持黨的特權，結果一部分人先富起來就成爲特權階層先富起來，藉改革開放與貪污腐敗先富起來，創造了金權結合的中國模式。

隨著改革開放衍生貪污現象，尤其價格改革中的雙軌制易於權貴伸進黑手，鄧小平不是進行政治改革，而是一九八六年號召打老虎；但是與廢除終身制一樣，鄧小平並不眞心。胡耀邦把反貪污指向權貴及其子女，上海市委書記胡立教兒子被槍斃，人大副委員長葉飛上將女兒被判刑，政治局委員胡喬木兒子也被捕之後，引發其他腐敗權貴家族強烈不滿，胡耀邦岌岌可危。

一九八五年開始，學生陸續上街要求政治改革，反對貪污腐敗，批評高幹子女經商，包括鄧小平兒子鄧樸方的康華集團，還有薄一波、王震的兒子，就是總理趙紫陽兒子經商也被點名。趙紫陽表示願意接受審查，其他權貴可不是這樣，胡耀邦以縱容學生遊行於一九八七年一月在生活會上被列席的以薄一波爲首的老頑固圍攻而下台，一九八九年四月因爲鬱悶突發心臟病病逝而激起新一輪學生運動。由於鄧小平將之定性爲反革命動亂，雙方衝突無法緩解，總理李鵬宣佈戒嚴後，鄧小平終於調動野戰軍，由坦克領軍殺進北京城奪回被學生佔據的天安門廣場。三十八軍抗命無濟於事，軍長徐勤先被捕。六四屠城殺了多少人又是黨的機密，至今未解。

趙紫陽因爲反對鎮壓，以分裂黨中央罪名被解除職務軟禁至死。由於鄧小平培養的兩個接班人全部「資產階級自由化」，陳雲、李先念兩個元老遂推薦上海市委書記江澤民繼任總書記，原因是他在上海伺候這兩位很到家（陳是上海人，長年住在上海；李在上海有一位小三護士），江在上海封殺改革派喉舌的《世界經濟導報》也得到賞識。鄧小平還被迫交出軍委主席職務，使江澤民的軍委主席得以逐步有職有權。

在這期間，因爲香港的新界九十九年租約在一九九七年即將到期，英國要求中國表態是否續約。雖然港島、九龍半島是永久割讓給英國，但是因爲新界的發展已與它們連成一氣，無法分割，因此必須打包一起解決。鄧小平決定收回香港，引發居民與投資者恐慌。鄧小平搬出了原先給台灣的「一國兩制」，接連做了高度自治、港人治港等許多保證要讓投資者放心，例如提出「馬照跑、股照炒、舞照跳」，開始還說不駐軍、只換一面旗幟，後來再加換一個港督，其他五十年不變，但是後來收回不駐軍的承諾，說要體現主權必須駐軍。

六四凌晨在北京街頭的死難者。（取自網路）

中共藉機煽動民族主義，造謠香港的繁榮是因爲中國的支持，然而無法解釋中國支持的上海、北京爲何沒有繁榮。鄧小平還大喊：外國人能做到的，中國人也能做到；外國人做不到的，中國人也能做到。果然香港這個東方之珠後來被中國人毀掉了。

鄧小平提出只要愛國，奴隸主、封建主也可以治港，就是不提民主派治港；鄧小平還三次提及黑社會也愛國。雖然總理趙紫陽向香港學生保證將來「民主治港」，但是最後連自己都保不住，埋下了一國兩制將被破壞的變數。一九八四年簽署中英有關香港前途的聯合聲明，香港主權轉移已成定局，因此八九學運香港人密切關注與聲援，因爲已不可避免成爲命運共同體，無路可退。六四次年的一九九〇年人大常委會通過香港基本法，內容做了緊縮。在西方國家姑息政策下，香港上了中國賊船，難以下船了。

中國的民主運動雖然失敗，但是風暴席捲到蘇聯與東歐，柏林圍牆被拆除，引發「蘇東波」，東歐共產體系瓦解。然而美國的布希總統對中國與鄧小平還是一廂情願，派特使到中國安撫，削弱了西方國家的制裁，中共乘勢再起。

八、悶聲大發財的崛起（一九九一～二〇〇〇）

陳雲、李先念是反對改革的保守派頭頭，因此江澤民上台後走左傾路線。紀念中共成立七十週年時聲稱和平演變已經成為「現實威脅」；他在內部講話中還表示要讓私營企業「傾家蕩產」。

鄧小平眼看他的歷史地位將被否定，加上陳、李已經行將就木，於是他這位「普通黨員」突然在一九九二年春節南下深圳，沿路發表講話，鼓吹發展是硬道理，不指名痛批江澤民的左傾，聲言誰搞左傾誰就得下台。當時掌握軍權的軍委常務副主席楊尚昆，也痛罵江澤民搞形式主義，支持鄧小平，嚇得江澤民表態要改革開放。一九九二年中共「十四大」，確立「具有中國特色社會主義市場經濟」，既要市場經濟，也要用社會主義政治來箝制，成為國家資本主義。鄧小平終於設計出金權緊密結合的全球最大怪獸，

鄧小平南巡。（取自網路）

對抗普世價値，嚴重阻礙了中國與人類的進步。

在發展與市場感召下，許多幹部帶頭下海經商，形成全民下海向錢看的熱潮，社會上形成爲爭奪金錢利益而不擇手段的風氣。鄧小平還指示要設立股票市場，如果不妥再關掉。美國華爾街投資銀行大事聘請高幹子弟，利用關係將中國的國營企業在香港上市，與貪官污吏分享利益。

江澤民在他的親信、紅二代曾慶紅協助下，在十四大也收拾了楊尙昆與楊白冰（總政治部主任）堂兄弟的楊家將。理由是他們聲稱要爲鄧小平的改革開放「保駕護航」，圖謀不軌。鄧小平這位偉人還要別人保駕護航？豈有此理，於是鄧把他信任的楊尙昆也踢走了。

楊尙昆雖然執行鄧小平調動軍隊進城的決定，但是他始終同情趙紫陽。楊白冰擔任總政治部主任期間，軍隊也出現難得的開明狀態，一些部隊作家出版了一些作品揭示過去被隱瞞的軍史中爭議事件，例如西路軍、皖南事變等，最著名的就是報導文學《雪白血紅》的出版，揭出解放戰爭期間共軍內部大量陰暗面，例如慘絕人寰餓死十幾萬人的長春圍困戰。作者張正隆雖然受到中共高層撻伐，但是他與相關人只受到輕懲。

一九九四年後鄧小平已經神智不清，江澤民開始收拾對他不服氣的北京幫陳希同（市長）、周冠五（首鋼黨委書記），清算鄧小平小兒子鄧質方（在上海經營地產發大財，並與周冠五兒子到香港與首富李嘉誠合組公司上市，李嘉誠不敢不答應）。鄧質方被國安拉走後，鄧小平妻子卓琳一哭二鬧三上吊，迫使江澤民放鄧質方回家，但鄧家逐步退出商圈。而江澤民兒子江綿恆則從上海科學院破門而出經商，一下擔任多家公司董事，成爲電信大王。六四屠殺立大功的李鵬家族豈肯示弱？從興建大亞灣核電廠開始就接受外商賄賂的李鵬家族也成爲電力大王，後來更在三峽大壩的興建撈取不計其數的利益。種鴉片有功的王震家族則是控制了中國國際信託投資公司在各個行業撈取利益，一度被認爲是最大的受益者。六四後中共的所謂「集體領導」，就是各大家族經濟上的利益均霑。

一向最有特權的軍隊又怎麼甘願落伍？因此軍隊也經商，因爲涉及軍事機密，沒有任何機構敢去檢查而通行無阻。他們甚至利用海南島的特殊地位而進口免稅汽車用船艦走私進入廣東再散佈全國各地。軍隊經商不但影響惡劣，而且勢必削弱戰鬥力，最後由朱鎔基下令禁止，並以其他方式利益補償。

全民下海經商各顯神通引發市場的混亂，尤其金融市場資金緊缺，總理李鵬根本不懂財經，由主管金融副總理朱鎔基在一九九三年下半年發出宏觀調控令，才避免金融泡沫的爆破。一九九五年又將人民幣大幅貶值，美元與人民幣匯率從一比五點七貶到一比八點二八，人爲操控十年，不但吸引外資進來，更爲中國打開出口市場而成爲血汗世界工廠。中國渡過了制裁危機，也解決了失業問題。

江澤民向香港記者鼓吹「悶聲大發財」。(取自網路)

二○○○年，江澤民於北京接見香港特首董建華，在教訓香港記者時情緒失控，但也暴露了他的內心世界，他說：「每次碰到你們，我總想起一句話『悶聲大發財』，有時候不說話比較好。」顯然香港記者的人多嘴雜顯得很幼稚，不如他老江「悶聲大發財」來得成熟實惠。

中國這時正在靜悄悄崛起，權貴口袋裡已經叮噹作響，但是他們還是遵循鄧小平的教誨繼續韜光養晦。

中共發財是悶聲的，對付異己可不是這樣，而是放手大幹。因爲一九九六年台灣要舉行總統直選，面對民主價值的威脅，江澤民不惜在一九九五年夏天於台海進行軍事演習，次年三月總統選舉前夕發射導彈到基隆與高雄海域，撕破了「和平」的假面具。然而台灣在中共武力威脅下，民主已過萬重山。針對美國的武力護台，當時的共軍副總參謀長熊光楷也暗示會核武攻擊洛杉磯，但是美國並未重視這個恐嚇。

爲了悶聲大發財，江澤民從「和平演變是最大威脅」改爲不同美國搞對抗，一九九九年北約飛機炸掉介入軍事行動的中國駐貝爾格勒大使館，二〇〇〇年中國軍機擦撞美國偵察機，最後都不了了之。美國也就一直放任中國在經濟上佔美國便宜。

也是這個時候，因爲經濟制裁導致中國經濟下滑，效率最低的國營企業成爲裁撤對象，中共對國企「保大放小」，許多小國企被迫轉讓或破產，增加許多失業人口，社會上也成立各式健身的練功團體吸納被國家遺棄的邊緣民眾，例如中功、香功、法輪功等，他們組織日益壯大，中共感到威脅，不斷取締，終於在一九九九年大肆鎮壓法輪功，成爲六四以後最大的迫害人權罪行。

九、「和諧」不成的強弩之末（二〇〇一～二〇一〇）

「悶聲大發財」非常俗氣，加上江澤民在下台前必須包裝其「核心」地位，在毛澤東思想與鄧小平理論之後，要用什麼新名詞？這個重擔落在江澤民從上海帶出來研究政策的親信王滬寧頭上。二〇〇一年七月一日，江澤民在慶祝中共建黨八十週年紀念會的講話中正式將「三個代表」思想定調爲新世紀的建黨理論基礎。

所謂的「三個代表」，即「代表中國先進生產力的發展要求」、「中國先進文化的前進方向」以及「最廣大人民的根本利益」。最後一個是虛假不過的包裝，眞正的核心是前兩條，能發財就是「先進生產力」了，爲江綿恆涉入嶄新的網路事業正名；同樣，發財文化當然也是先進文化。正因爲如此，江澤民時代突破了中共的傳統，資本家可以入黨，黨員可以成爲資本家，公開改變了共產黨是工人階級先進部隊的性質。雖然中共老早已脫離工人階級。

二〇〇二年胡錦濤取代江澤民成爲第四代領導集體。他是鄧小平指定的隔代接班人，江澤民不敢廢除，但是他到底擔任了十三年的總書記與軍委主席，完全掌控了黨政軍，尤其又要繼續多任兩年軍委主席，「送一程」胡錦濤熟悉軍務，所以所謂胡溫體制，實際上還是江澤民時代的繼續。不但政治局常委江派佔多數，即使後來胡錦濤繼任軍委主席職務，將領公開講他們上面還有另一個「首長」。二〇〇八年汶川地震，總理溫家寶調動不了軍隊救災，因爲他們還要請示另一位首長。

因此胡錦濤撲克面孔反映他的心情，溫家寶吃六四陪趙紫陽探望絕食學生的老本，大事作秀扮演「人民好總理」的角色。但依照紅二代薄熙來的說法，平民背景的胡溫只是暫時代紅二代掌管紅色江山。因此他們也是弱勢君主，基本上是「江規胡隨」，繼續悶聲大發財，甚至有「令不出中南海」之說。

二〇〇一年中國加入WTO，是以發展中國家名義受到優待，中國的廉價產品在國家補助下免稅長驅直入發達國家傾銷，許多外資也到中國設廠生產低成本產品。反之中國則保護自己的企業，並且若干行業限制或禁止外資進入，例如金融業對外資股權設限，資訊業則完全禁止外資進入。中國經濟大爆發，中國成爲世界工廠，例如兒童玩具幾乎被中國包下，世界名牌產品也紛紛在中國設廠。山寨貨也在此時大行其道，甚至幾可亂眞，流行全球。百度、騰訊、阿里巴巴都在這個時候成爲富可敵國的龐大企業，淘寶網也以賣假貨聞名。二〇一〇年，中國超越日本成爲世界第二大經濟體。

胡溫時代不但大量山寨貨問世，假酒、假藥、假疫苗、問題奶粉甚至還有地溝油事件層出不窮。（取自網路）

胡溫主要是守成，沒有大作爲，所以江澤民時代的國師王滬寧給胡錦濤取個不痛不癢的「科學發展觀」。想來胡錦濤是團派，五四是中國青年節，五四運動有科學與民主兩大精神，共產黨害怕民主，只能另取「科學」。然而在政治掛帥下哪裡有眞正的科學？胡溫時代不但大量山寨貨問世，假酒、假藥、假疫苗也大爲盛行，例如問題奶粉引發的嬰孩大頭症，還有地溝油，以及孔雀綠、蘇丹紅等有毒染色食品，以致溫家寶要呼喚中國企業家的「道德血液」。共產黨本身就缺德，又怎能要求企業家？

中國經濟的崛起鼓勵少壯軍人的好戰言論，尤其他們多爲紅二代，這開始引發西方國家的不安，所以胡耀邦前秘書鄭必堅建議下，大外宣著重宣揚「和平崛起」，但已掩藏不住。在美國金融風暴爆發時，溫家寶大手一揮撥出四兆人民幣大興「鐵公基」維持中國經濟的成長，並以世界經濟的救世主自居。然而其後遺症也不可低估。

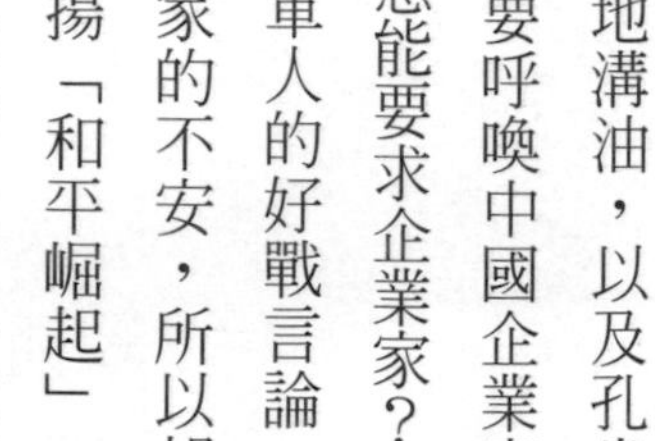

汶川地震因官員腐敗而倒塌的校舍。（取自網路）

二〇〇八年的北京奧運，二〇〇九年建國六十週年閱兵，二〇一〇年上海國際博覽會三大盛事，也是中共政治經濟向上趨勢的頂峰。政治上是走向愛國高峰，大漢民族主義對藏人、維吾爾人的歧視也變本加厲而造成流血事件，劉曉波等知識分子提出的《〇八憲章》被鎮壓，當局視諾貝爾和平獎如無物，劉曉波被捕至死。

二〇〇八年汶川大地震死傷幾十萬人暴露專制政權貪污腐敗與草菅人命，溫家寶多次去汶川作秀，卻解決不了校舍倒塌壓死大批學生的官員腐敗問題，反而大抓尋找眞相的維權人士。其後毒奶粉事件也暴露中國對民生的毫不關心，卻去打擊受害者。中國可謂「金玉其外，敗絮其中」，是對科學的最大諷刺。

尤其民族主義蔓延到海外，中國遊客趾高氣揚、睥睨世界；中國移民包圍CNN，刺激了西方國家開始驚醒中共完全背棄舉辦奧運改善人權的所有承諾。他們開始質疑經濟發展是否能給中國帶來民主？香港與台灣自認自己是中國人的比例也從頂峰下滑。二〇一〇年十月溫家寶在美國接受CNN訪問大談政治改革被嗤之以鼻。胡溫體制也仍然不脫「拳匪」本質而導致二〇一二年出現大規模反日浪潮。

胡錦濤因爲是鄧小平的隔代接班人，所以在江澤民時代戰戰兢兢像小媳婦一樣被稱爲「孫子」，即使做了總書記也被江派環伺，所以其家族相對清廉。溫家寶是以作秀掩蓋家族的腐敗，妻子是珠寶大王，兒子千方百計鑽進金融圈，溫裝出親民形象反而令人作嘔。

貧富兩極分化導致社會矛盾的加劇。經營成本的上升及人口紅利的消退，使中國經濟發展減速，逐漸形成強弩之末，上海國際博覽會開始顯出敗象。胡溫時代拋出「和諧」的主張，卻是要抹掉反體制的力量，要抹掉所有矛盾，運用的還是暴力，所以和諧被譏諷爲「河蟹」，挽救不了大局。

十、中國社會帝國主義的世紀大賭博（二〇一二～二〇二〇）

「社會帝國主義」這個名詞是一九六〇年代中蘇爭奪國際共產主義領導權時中共給蘇聯的新稱號，亦即掛社會主義招牌的帝國主義。然而這名稱其實最適合目前的中共自己。

二〇一二年十一月中共召開十八大，安排將由習近平接任黨的總書記。但是大會召開前夕，習近平失蹤十四天，連原先以國家副主席身份與美國國務卿希拉蕊的會面也取消了。這是中共歷史上沒有過的詭秘事件。傳言紛紛，但是可以肯定的是黨內一定發生大事又不能公開，估計是進行權力交易。當時習近平以改革形象出現，得到胡耀邦家族的支持，可能因此受到保守勢力的壓迫。然而如果聯繫到中國爲釣魚台問題掀起中共建國以來最大規模的反日浪潮，包括火燒日本汽車、搗毀工廠，毆打車主，與後來習近平上台後的變臉提出的「中華民族偉大復興」串連來看，顯然這是習近平對未來大搞民族主義的起手式，也是對黨內不同派系的警告。

果然第二年人大會議期間發生薄熙來事件，習近平在胡溫支持下逮捕了野心勃勃的薄熙來。胡錦濤也嚇得放棄原來還可以續任兩年的軍委主席職務而裸退。而王立軍事件與傳說周永康、令計劃發動政變的傳說也不脛而走，顯見這是一場帶有血腥的接班。

習近平的新班子表面上是習李（克強）體制，實際上李克強就連經濟工作也受制於習。習近平身兼十幾個中央領導小組與委員會的組長或主任。眞正有權勢的是作爲習近平打手的王岐山。

王岐山在皇帝腳下的北京市成長，本科歷史系畢業，再到古都西安的陝西省博物館工作，還歷經文革，當然深諳帝王之術。他又是一九八〇年代改革開放初期作爲總理趙紫陽青年智囊團中

薄熙來被審訊畫面。（取自網路）

的改革四君子之一。逃過六四有朱鎔基保護節節升官，成爲救火隊長而受到器重，例如一九九八年金融風暴搶救廣州金融機構；二〇〇三年非典型肺炎而進入北京市領導機構；加上他又是半個紅二代，所以對黨內那些骯髒事情瞭如指掌，正是習近平所需要的打手。因此他以酷吏面目出現，對江澤民人馬採取包圍與各個擊破的策略，重點打擊周永康政法集團與郭伯雄、徐才厚的軍委系統，其中以虛虛實實、欲擒故縱、敲山震虎等手段，製造恐怖氣氛，把江系人馬打得七零八落，不但出現好多自殺疑案，被關在秦城監獄的將領就有一百多人。連剛被習近平提拔的高官轉眼送進監獄或自殺，可說官不聊生、人人自危。當然這也埋下後來他的「飛鳥盡、良弓藏」的命運。

但習近平也因此用人偏狹，除了原來出身閩浙的習家舊部，就是馬屁大王（李鴻忠爲代表），他們能力有限，連接天然氣管與非洲豬瘟都對付不了，所以爆發武漢肺炎並且加以隱瞞，禍延全球也就不奇怪了。

被視爲小學程度的習近平，不懂歷史，不懂經濟，缺乏人文修養，只知背誦文革語言與照搬毛澤東的整人權術，卻要展示他的雄才偉略，結果是好大喜功而又一敗塗地。

胡溫後期已是強弩之末，經濟下行開始成「新常態」，眼看中共統治的合法性再度受到挑戰，習近平採用「偉大民族復興」來挽救這個黨。

習近平花錢建立雄安特區，結局是寂靜無聲，成爲大白象工程。習近平自稱反腐敗，然而雄安特區不就是藉此大炒地皮的腐敗？習派新貴是最大的得益者。鄧小平有深圳特區、江澤民有上海浦東特區，溫家寶的天津濱海特區與深圳、浦東已經相形見拙，雄安特區則更是臉面丟盡。這些年的經濟成長，即使是官方數字，連「七上八下」都保不住。習近平只能用花樣百出的「脫貧」來掩飾自己的政績。

「一帶一路」是爲中華帝國擴張領土與朝貢體系設計的，趁機推銷剩餘產品，結果是坑害窮國，也害了自己，因爲這些窮國政權不是專制就是腐敗，哪裡能夠還債？因此即使控制他們可以在國際事務中成爲僕從，或者掠奪他們的資源，然而中國的資金也因爲大撒幣陷於枯竭。這種殖民主義行徑刺激民主國家聯手圍堵，就連受援國家最後也因爲墮入債務陷阱而翻臉，民間也出現「反華」情緒。

習記兩大招牌都破功，唯有延長任期試圖翻盤而不惜恢復終身制，斷了西方對中國模式的最後期待。習近平也只剩下窮兵黷武，煽動狹隘民族主義來掩蓋其敗績，正好撞上美國川普總統上台向中國索回被偷走的美國未來。武漢肺炎的蔓延與中國採取不負責任的態度，甚至嫁禍於人的流氓行徑，加深全球對中國的惡感，從而讓全球出現新的對抗。

預言習近平身穿龍袍晉身皇帝。（取自網路）

習近平爲鼓動愛國情緒，把老奸巨猾鄧小平的韜光養晦策略也丟棄了，吹噓自己軍力與製造業能力，吹噓科技發展領先美國，結果引發美國的警覺予以反擊，使中國經濟雪上加霜，習近平此時才發現關鍵技術在人家手裡。雖然習近平如夢初醒，但煽動民族主義造成的網路拳匪，動不動出征，也使習近平難以回頭。妄圖以「國進民退」來救經濟，只是自殺而已。

習近平爲了保住自己權威與排斥異己，個人崇拜也必然走到肉麻程度；可是他又沒有毛澤東的威望與能力，只能強求媒體姓習，禁止妄議中央乃至「習禁評」。毛澤東說人貴有自知之明，然而習近平眼高手低、剛愎自用，不但要做皇帝，還要做全世界的天子，不惜佔用百年中共簡史的四分之一版位來吹噓他的政績，簡直是在給自己挖掘墳墓。

世界絕對不允許習近平以全球化來建立他的新秩序，他的民族復興也沒有退路，最後的可能是爆發一場戰爭來決定民主還是專制的勝負。而習近平最容易煽動民族主義的藉口就是台灣，而且他也吃定台灣是軟肋，因此台海的戰爭風險愈來愈高。西方國家能否以戰止戰，減少自己的損失，還是聽任中共先發制人才被逼迎戰，只能看政局未來的發展。

結論

毛澤東讓中國站起來？否。毛時代八千萬人不正常死亡，以及全國性階級鬥爭，是毛站起來，人民倒下去。

鄧小平讓中國富起來？否。是中共權貴富起來形成暴發戶家族。人民只是拿到蠅頭小利，許多還沒有脫貧。

習近平讓中國強起來？否。中國擴張行徑導致孤立於全球。德國納粹主義與日本軍國主義的下場在等著他。

第二部分

相關史評

共產專政下的中國國家認同

二〇〇六年秋

摘要

馬列主義的國家定義就是「階級壓迫的工具」，內容包括了軍隊、警察、法庭、監獄等等。馬克思生活在「革命」的年代，因此馬克思主義主要論述無產階級革命問題，建立無產階級專政只是革命目標而缺乏實踐；到了列寧時代，因爲俄國十月革命建立了蘇維埃政權，因此對「無產階級專政」有了許多切實需要的論述。史達林（Joseph Stalin）時代，就進一步闡述了無產階級專政國家的三個職能：建設、鎮壓、與外部敵人鬥爭，包括「通過無產階級的殘酷的階級鬥爭來消滅階級」。

一九四九年毛澤東發表的《論人民民主專政》是毛澤東對國家理論的具體論述，也就是「建立工人階級領導的以工農聯盟爲基礎的人民民主專政國家」的國家性質。中共在一九五六年完成「三大改造」，宣佈人民民主專政實質上就是無產階級專政，這個說法至今一直未改。其實際內容就是一黨專政，乃至領袖專政。

如今中共宣稱「與時俱進」，在鄧小平「讓一部分人先富起來」、江澤民的「三個代表」、以及胡錦濤的「和諧社會」，卻仍然沒有能夠對「階級壓迫」關係做出新解釋，說明他們理論的貧乏，所以政策上也難以有所建樹。階級壓迫的國家觀使中共不能晉身世界上的正常國家行列，也不能從根本上解決台海兩岸關係。

什麼叫國家，一般都知道國家的定義就是土地、人民、政府，或再加主權。這是歐美現代社會對國家三要素或四要素的定義。這種國家觀念最早來自古希臘的城邦，再逐漸演變發展。

亞里斯多德在《政治學》說：「國家是許多家庭及村落的聯合體。它是爲了達成完美的和自治的生活而組織的。」洛克在《論寬容的信》說：「國家是由人們組成的一個社會，人們組成這個社會僅僅是爲了謀求、維護和增進公民們自己的利益。」而盧梭的《社會契約論》可以說對國家這個觀念進行了比較完整的論述：社會公約在公民之間確立了這樣一種平等，以致他們大家全都遵守同樣的條件並且全都應該享有同樣的權利。於是由於公約的性質，主權的一切行爲——也就是說，一切眞正屬於公義的行爲——就都同等地約束著或照顧著全體公民；因而主權者就只認得國家這個共同體，而並不區別對待構成國家的任何一個人。

這是國家內部社會合作、人人平等的觀念。

中國人傳統的國家觀念就是「普天之下，莫非王土；率土之濱，莫非王臣。」皇帝老子就是天子。到了清王朝被推翻以後，雖然引入西方「共和」的觀念，但是實際上還沒有走出皇帝威權的陰影，不論孫中山、蔣介石都是如此。到了共產黨建政，更是另一個國家認同了。

壹、馬列主義的國家定義

今年是毛澤東發動文革四十周年。它的主要精神力量就是舉世聞名的「小紅書」，也就是《毛主席語錄》。毛語錄的第一條就是：「領導我們事業的核心力量是中國共產黨。指導我們思想的理論基礎是馬克思列寧主義。」雖然現在共產黨已經變質，但是他們還沒有放棄「四項基本原則」（「第一，必須堅持社會主義道路；第二，必須堅持無產階級專政；第三，必須堅持共產黨的領導；第四，必須堅持馬列主義、毛澤東思想。」）加上中共的政治改革幾乎沒有進展，因此認識共產黨一黨專政下對中國的國家認同，也應該從他們的馬克思列寧主義來探討。

從中共建政開始，他們所反覆背誦、並且向民眾灌輸有關國家的定義就是：「國家是維護一個階級對另一個階級的統治的機器」（列寧，一九七三）、「是統治階級用來鎮壓其階級敵人之反抗的機器」（史達林，一九七三），它的內容包括了軍隊、警察、法庭、監獄等。總之，國家是階級壓迫的工具。馬克思生活在「革命」的年代，因此馬克思主義主要論述無產階級革命問題，建立無產階級專政只是革命目標而缺乏實踐；到了列寧時代，因爲俄國十月革命建立了蘇維埃政權，因此對「無產階級專政」有了許多切實需要的論述。史達林時代，就進一步闡述了無產階級專政國家的三個職能：建設、鎮壓、與外部敵人鬥爭（史達林，一九七三），包括「通過無產階級的殘酷的階級鬥爭來消滅階級」（《論聯共（布）黨內的右派》）。史達林提煉列寧的國家學說：「簡單地說：無產階級專政就是無產階級對資產階級的統治，它不受法律限制，憑借暴力，得到被剝削的勞動群眾的同情和擁護。」（史達林，一九七三）即使如此，毛澤東還認爲史達林過早地宣佈階級對抗的消滅（人民日報編輯部、紅旗雜誌編輯部，一九六四。）。也就是說對敵對階級還壓迫的不夠，發明了「無產階級專政條件下繼續革命」的理論，也就是「無產階級文化大革命」，因此林彪吹捧毛澤東思想是馬列主義的頂峰。

馬列主義有關國家理論在「階級」方面的鮮明性，與起源於西方古代城邦發展而來的人人平等的國家理論是不相同的。因此，從中共發動武裝鬥爭以來所建立的「革命根據地」，或「蘇維埃政權」，乃至「邊區政府」，都貫徹了「階級壓迫」的精神，即使有「平等」的統戰誘人口號，也難掩蓋它充滿血腥的歷史。如果說戰爭年代那樣做是不得已的話，可是到中共統治全國，甚至毛澤東的威望如日中天、毛澤東思想成爲「頂峰」時，還加強階級壓迫。

貳、毛澤東的國家觀

一九四九年中共建政前，也就是中共建黨二十八周年前夕的一九四九年六月三十日，毛澤東所發表的〈論人民民主專政〉，可說是毛澤東對未來馬列國家理論在中國的具體闡述，按照中共的說法，就是「馬列主義普遍眞理與中國革命具體實踐的結合」。我們不妨看看它的幾個主要內容：

一、國家消滅論。這是欲擒故縱。明明中共大呼「中國共產黨萬歲」以及建政後的「中華人民共和國萬歲」。但這時卻模仿馬克思、恩格斯等祖師爺談階級、政黨、國家的消滅，原因就是當時中華人民共和國尚未成立，所以還需要用統戰的欺騙手段引更多人入彀。

二、國家的階級性質。毛澤東說，資產階級共和國外國有的，中國不能有，中國是工人階級領導的人民共和國；具體就是「建立工人階級領導的以工農聯盟爲基礎的人民民主專政國家。」

三、什麼叫「人民民主專政國家」？這是中共國家理論的精華。「人民是什麼？在中國，在現階段，是工人階級，農民階級，城市小資產階級和民族資產階級。這些階級在工人階級和共產黨的領導之下，團結起來，組成自己的國家，選舉自己的政府，向著帝國主義的走狗即地主階級和官僚資產階級以及代表這些階級的國民黨反動派及其幫凶們實行專政，實行獨裁，壓迫這些人，只許他們規規矩矩，不許他們亂說亂動。如要亂說亂動，立即取締，予以制裁。對於人民內部，則實行民主制度，人民有言論集會結社等項的自由權。選舉權，只給人民，不給反動派。這兩方面，對人民內部的民主方面和對反動派的專政方面，互相結合起來，就是人民民主專政。」

後來的中華人民共和國國旗中，大星代表中國共產黨，四個小星就是它領導下的工人階級，農民階級，城市小資產階級和民族資產階級。人民，也就是可以享受「民主」者：工人、農民、城市小資產階級、民族資產階級。敵人，也就是專政對象：地主階級、官僚資產階級、國民黨反動派及其幫凶。實際上從一九四九年到現在，享受各項權利的「人民」並沒有眞正享受到他們應有的權利，而被「專政」的敵人，的確遭到殘酷無情的專政。那麼如何理解毛澤東所說的「人民有言論集會結社等項的自由權」呢？原來是中共認同的，人民就有言論集會結社的自由；中共不認同，那麼發表言論與進行集會結社的人就不是人民而是敵人，也就自動失去人民的權利而須被制裁。

中共建政以後的歷次政治運動，就不斷有「人民」淪爲「敵人」的「新生反革命」受到專政。毛澤東爲每次政治運動基本訂出了佔各單位人數五％的「敵人」，但由於是

「群眾運動」，乃至「群眾專政」的擴大化，加上每次政治運動的對象不同，因此五％的人每次不同（當然也有重疊的），所以被當作敵人的，即使去掉小孩、老人，但又有被株連的家屬，就不止總人口中的五％了。特別是文革，集歷次政治運動之大成，被專政的人數達一到兩億人，最後官逼民反，發生一九七六年的「四五天安門事件」。

四、國家基本路線方針。根據史達林的「三個職能」說，毛澤東沒有「詳說」經濟問題，卻大談其他兩個職能。內政方面：「『你們獨裁』。可愛的先生們，你們講對了，我們正是這樣。」外交方面：「『你們一邊倒。』正是這樣。」中華人民共和國成立以後的土地改革、鎮壓反革命運動，正是貫徹「獨裁」方針；從一九四九年新華社發表六篇抨擊美國發表的中美關係白皮書的評論，到「抗美援朝」，正是推行「一邊倒」路線。爲此不惜衝撞一九五〇到一九五三年國民經濟恢復時期的工作。

在〈論人民民主專政〉發表以前，一九四〇年發表的〈新民主主義論〉毛澤東也闡述了他的國家觀。但是由於那是抗日統一戰線時期，還是「敵強我弱」，所以觀點溫和許多。除了政治，還談了許多經濟，特別是文化問題，當然，中共的經濟、文化，與政治也分不開。不過那時毛澤東說，他們要建立的國家，既不是歐美式的、資產階級專政的、資本主義共和國，也不是蘇聯式的、無產階級專政的、社會主義共和國。毛澤東在這篇文章裡專門談到「國體」與「政體」問題。他認爲，國體就是社會各階級在國家中的地位；政體則是政權構成的形式。而中共所主張建立的新民主主義共和國，國體是各革命階級聯合專政；政體是民主集中制。他認爲這才是名副其實的中華民國。從階級壓迫與毛澤東的論述來看，中共重視的是國體而不是政體，因爲「民主」云云毛澤東從來沒有想實現過；至於「聯合專政」，實際上就是無產階級專政、共產黨專政，是毛澤東的個人獨裁。

因此後來在一九四九年所建立的，不是毛澤東這個時候還信誓旦旦的中華民國，而是中華人民共和國，也可見他後來不要「聯合專政」，而是要「一黨專政」了。

參、中共的國家與階級認同

由於馬列主義爲國家所下的「階級壓迫」定義，在觀察中國這個國家認同問題時，國家內部階級關係的變化就必然成爲主要的內容。

一九四九年中華人民共和國成立時的「憲法」是當年九月在全國人民政治協商會議通過的『共同綱領』。第一條規定：「中華人民共和國爲新民主主義即人民民主主義的國家，實行工人階級領導的、以工農聯盟爲基礎的、團結各民主階級和國內各民族的人民民主專政，反對帝國主義、封建主義和官僚資本主義，爲中國的獨立、民主、和平、統一和富強而奮鬥。」第二十六條規定：「中華人民共和國經濟建設的根本方針，是以公私兼顧、勞資兩利、城鄉互助、內外交流的政策，達到發展生產、繁榮經濟之目的。國家應在經營範圍、原料供給、銷售市場、勞動條件、技術設備、財政政策、金融政策等方面，調劑國營經濟、合作社經濟、農民和手工業者的個體經濟、私人資本主義經濟和國家資本主義經濟，使各種社會經濟成分在國營經濟領導之下，分工合作，各得其所，以促進整個社會經濟的發展。」

這樣的政經定位，政治上資本家還是「民主階級」，經濟方面雖然國家的介入已經很明顯，但是措辭還比較溫和，以致當時有「新民主主義萬歲」之說。但這只是曇花一現。一九五三年毛澤東提出：「從中華人民共和國成立，到社會主義改造基本完成，這是一個過渡時期的總路線和總任務，是要在一個相當長的時期內，逐步實現國家的社會主義工業化，並逐步實現國家對農業、對手工業和對資本主義工商業的社會主義改造。」這個過渡時期指的是新民主主義向社會主義的過渡，當時對「相當長」的解釋是十到十五年或者更多一些時間。但是一九五六年一月，所有制的「社會主義改造」居然就已基本完成，中共聲稱進入社會主義了。以致當時有資本家說，「白天敲鑼打鼓，晚上抱頭痛哭」，有的更明言「上了賊船」。

一九五六年九月中共召開第八次全國代表大會，由劉少奇作政治報告，他說：「在中華人民共和國成立以後，由於工人階級在同幾億農民建立了堅固同盟的條件下取得了全國範圍的統治權力，工人階級的政黨中國共產黨成爲領導全國政權的政黨，人民民主專政實質上已經成爲無產階級專政的一種形式。」他還說：「這就使我國的資產階級民主性質的革命有可能經過和平的道路，直接地轉變爲無產階級社會主義性質的革命。」這也意味著中國已經或接近蘇聯那樣的一黨專政的社會主義國家了。

於是，一九五七年的反右派，整肅大批知識分子，特別是批評「黨天下」與要求輪流執政的民主黨派人士與知識分子。中共聲稱這是「政治思想戰線上的社會主義革命」。一九五七年九、十月間開了二十天的中共八屆三中全會，更宣佈中國的知識分子大部分是資產階級知識分子，在資產階級被「社會主義改造」後，又輪到知識分子成爲社會主義革命的對象。這時，國旗上的四個小星應該改爲三個。但是中共沒有這樣做，雖然資產階級與知識分子成了無產階級革命的對象，但用「人民內部矛盾」方式處理，這不但是中國階級關係的又一重大變化，還體現了毛澤東不同於史達林在同樣消滅資產階級時的「寬大」和對馬列主義的發展。於是一九五八年的大躍進、人民公社就開始向消滅階級的「共產主義」過渡。

中共在「人民公社化」運動中的「政社合一」，把政權組織與生產組織合併，並且建立軍事化的組織形式，也是中共國家認同的又一個試驗。但是它隨著經濟的大倒退與大饑荒的到來而失敗。

文革期間中共國家觀念的變化，最重要表現在毛澤東親自撕毀了作爲國家根本大法的憲法，即使本來中共就沒有執行憲法的條文。其中突出表現在它的「階級壓迫」不再通過國家機器，而是由民眾直接出面。這是因爲作爲壓迫工具的「公檢法」被「砸爛」，由「群眾專政」取而代之。問題是對國家的砸爛並不那麼容易；即使被砸爛而由「群眾」代行國家職能者，也是在中共以毛澤東爲首的所謂「無產階級司令部」所操弄的，因此仍是黨的專政，甚至是領袖的專政。而圍繞在國旗中第四個小星的民族資產階級，也被中共打成階級敵人，改變「人民內部」的處理方式而進行專政，國家的結構自然發生重大變化。但是物極必反，群眾的民粹情緒易發難收，中共後來也難以操控，所以不久又立刻實行所謂「革命三結合」，重建國家機器，對「造反者」給予嚴厲鎮壓。而爲了施展政治權謀，又取消國家主席職務，借此逼逃林彪。因此一九七五年通過的憲法，沒有國家元首這個職務。把國家機器如此操弄，使人嘆爲觀止。操弄民眾與國家機器，導致毛澤東威信劇降，一九七六年爆發天安門事件，以及毛澤東死後被迫走上「改革開放」的道路，但是國家認同並未出現變化，只是恢復文革前的基本概念。

以下是各部中華人民共和國憲法對國家性質的不同規定：

『中華人民共和國憲法』一九五四年九月二十日第一屆全國人民代表大會第一次會議通過的版本：「中華人民共和國是工人階級領導的、以工農聯盟爲基礎的人民民主國家。」

一九七五年一月十七日第四屆全國人民代表大會第一次會議通過的版本：「中華人民共和國是工人階級領導的以工農聯盟爲基礎的無產階級專政的社會主義國家。」

一九七八年三月五日第五屆全國人民代表大會第一次會議通過的版本：「中華人民共和國是工人階級領導的以工農聯盟爲基礎的無產階級專政的社會主義國家。」

一九八二年十二月四日第五屆全國人民代表大會第五次會議通過的現行憲法版本：「中華人民共和國是工人階級領導的、以工農聯盟爲基礎的人民民主專政的社會主義國家。」「社會主義制度是中華人民共和國的根本制度。禁止任何組織或者個人破壞社會主義制度。」

可以看到，第一部憲法最溫和，雖然當時的人大委員長劉少奇闡釋時說它是「社會主義類型的憲法」，但是在憲法總綱裡仍然說中國是「新民主主義制度」。一九七五年是文革憲法，在強調階級鬥爭的情況下，將「人民民主專政國家」改爲「無產階級專政的社會主義國家」；一九七八年文革剛結束，「凡是派」當道，所以這一條沒有變化。到了一九八二年開始改革開放，將令人生畏的「無產階級專政」（文革期間「無產階級專政鐵拳」的口號充斥媒體與各項政治活動）改爲「人民民主專政」，但保留了「社會主義」；而與五四憲法比較，在「人民民主」後面還是加上「專政」兩字。而在憲法的序言裡，還保留了「工人階級領導的、以工農聯盟爲基礎的人民民主專政，實質上即無產階級專政」這一句話。顯然，中共經過社會主義改造與社會主義革命，實現徹頭徹尾的一黨專政後，就念念不忘「專政」了，即使改革開放，也不會放鬆他們的「無產階級專政」。

由江澤民御用的政治學者，據稱是江澤民「三個代表」理論發明人王滬寧（一九九八）參與編寫的《新政治學概要》，對「國家」的定義從三個方面進行論述，這是中共最「與時俱進」的具體論述了：

第一，國家的產生是基於統治階級的意志。它還批判了盧梭的社會契約論，認為建立國家是為了把社會衝突控制在一定秩序的範圍內，但不可能有利於一切人，而只有利於統治者。

第二，國家政權始終掌握在統治階級手中。統治階級不會與被統治階級分享國家政權。

第三，國家權力始終是用來為統治階級利益服務的。國家在改變其剝削階級的性質之前，始終是為少數人謀私利的工具。

可見中共改革開放後的國家觀念完全沒有從「階級」學說中解放出來。東一句「統治階級」，西一句「剝削階級」，似乎義正詞嚴。其實正是因為中國不是民主國家，沒有民主選舉，所以他們的統治階級不會有變化，都是共產黨內部產生的，共產黨就是統治階級。他們也不會領會民主國家的統治集團，因爲要通過民主選舉產生，一直處於流動與變化狀態而不可能成爲階級，自然也沒有上述的三個定義。而中國低廉勞動力所創造的價值與中國老百姓的窮困，正好說明大量的馬克思所說的「剩餘價值」被現在的中國統治階級，也就是共產黨特權集團所剝削與佔有。以中共官員及其家屬爲主體的中國貪官污吏的大量出現，也正好說明他們是以虛假的國家學說掩蓋他們掠奪民脂民膏的本質。如果王滬寧的確是「三個代表」的創造者，不正是以所謂「代表中國最廣大人民的根本利益」來掩飾江澤民、李鵬集團及其子女剝削廣大中國人民的罪行嗎？因此問題是，中共眼中的中國統治階級，根本就不是，從來也不是眞正的「無產階級」。中共建政初期，抬高工人階級的政治地位，並且自命代表工人階級利益，開始還有人相信。文革打倒「走資派」，也借用工人階級名義。因此雖然開始衝鋒陷陣的是紅衛兵，那些原來的工人階級（代表人物是勞動模範）受到衝擊，但是後來紅衛兵領袖成階下囚，毛澤東組織「毛澤東思想工人宣傳隊」進駐「上層建築」，工人階級上講台，大學招收工農兵學員等等，重塑工人階級的「領導」地位。但他們也只是共產黨的道具而已。中共把工人當作「領導」，把農民當作「基礎」的「精神刺激」，開始還可以讓佔全國人口

八、九成的工人、農民支持與擁護共產黨的領導，但是這個精神嗎啡不可能長期生效，特別是不能給他們實際福祉的時候。如果說七〇年代末期改革開放以前因為平均主義中國的工人生活還不算在低下階層，然而合作化與人民公社化已經剝奪了農民的土地，努力致富被認為是資本主義傾向，因此農民已經日益貧困；而「三面紅旗」帶來的大饑荒與文革帶來的經濟衰蔽，「領導階級」的工人也一起遭殃。但是真正的特權階層並沒有受到太大的影響，特別是文革揭露出來的中共內部陰暗面，慢慢使老百姓認識到真正的領導階級，是大大小小躲在紅牆背後的共產黨特權集團，他們不但是統治階級，也是剝削階級。

改革開放後，鄧小平「讓一部分人先富起來」的政策，使工人農民的地位急劇下墜。因為「先富起來」的是擁有權力的官員與他們的家屬；接著是有能力的專業人士。工農因為缺乏高水準專業知識與人脈，自然被擠到社會底層。改革開放迫使國有企業進行改革，這又造成一批失業工人。中共為了掩飾這個「無產階級專政國家」的虛偽，開始把失業稱為「待業」，在待不出什麼希望後，又把失業改為「下崗」。而政府官員與國有企業管理階層的貪污腐敗，使那些下崗工人的處境更加悲慘。他們的政治優越感消失殆盡。而因為國家政策的嚴重偏差與貪官污吏的橫徵暴斂，中國農民生活也陷入困境，有些地區出現以「賣血」作爲發展本地區產業的悲慘情景。如果這時還讚美工人階級是國家領導階級，工農聯盟又是什麼基礎，只能被認爲是說風涼話了。而工人的居家與農民的土地被官商勾結的逼遷，剝奪他們安身立命之地，迫使他們走上反抗暴政的道路。所以江澤民拋出「三個代表」模糊民眾的階級意識。

在改革開放後，爲因應私有制的發展，對一九八二年憲法也做了若干小修小補，但是對政治上敏感的階級關係不敢做大變更。這就產生了一個基本矛盾，那就是中國的「無產階級」（實際上就是中共特權集團）要專哪些階級的政呢？在中共建政初期，地富反壞是敵對階級，一九五七年後增加資產階級右派，文革期間階級敵人是「地、富、反、壞、右、叛徒、特務、走資派」，但文革一結束，後三類也跟著「平反」。不但如此，一九七八年十一月，中共宣佈摘掉右派帽子；一九七九年一月，宣佈摘掉地主與富農帽子[1]。

而資產階級及資產階級知識分子也已經回到人民內部來了，甚至可以入黨，於是問

1 中共爲了表明自己的英明偉大，例如六十萬人左右的右派分子保留五個人不能摘帽，以說明中共反右基本正確，只是「擴大化」而已。

題就出來了，幾個右派分子不能構成「階級」，反革命分子與壞分子也不能形成階級，因為各個階級裡都有這些分子，因此國家作為階級壓迫的工具，不知道「無產階級」的壓迫對象是哪些階級？如果沒有被壓迫階級了，這部憲法就必須要徹底修改，對國家的認同也必須重新思考。還能要那馬列主義的國家理論嗎？而現實情況還是：五星旗中的大星（共產黨）是壓迫階級，那四個小星（工人、農民、小資產階級、民族資產階級也就是民營企業）是被壓迫階級；中共又敢認嗎？而胡錦濤以「和諧社會」取代江澤民的「三個代表」後，也沒有對「和諧」與「階級壓迫」的關係做出解釋，說明他們理論的貧乏。

肆、中共的國家民族認同

孫中山於一八九四年成立興中會時提出的「驅逐韃虜，恢復中華」的建國目標，認同的僅僅是漢族；辛亥革命成功，孫中山就任臨時大總統後，就改為漢滿蒙回藏的五族共和。然而中國出現共產革命以後，不但階級關係，連民族認同情況也出現重大變化。

一九二一年中國共產黨的成立是在蘇俄及其領導下的共產國際催生出來的，並且長期接受共產國際與俄國各種形式的援助。中共是共產國際的一個支部，因此它的國家觀念遠不是什麼「五族共和」，而是馬列主義中的「工人無祖國」，因此也支持一九二〇年列寧爲共產國際第二次代表大會提出的《民族和殖民地問題提綱》，要求一個國家無產階級鬥爭的利益必須服從全世界範圍的無產階級鬥爭的利益，這就是無產階級國際主義精神。因此當時中共支持中國境內少數民族的民族自決權，包括蒙古獨立。由於作爲共產國際的一個支部，所以一九二九年中俄在東北發生武裝衝突時，中共就喊出「武裝保衛蘇聯」的口號，以證明它是忠誠的國際主義者。一九三一年中共在江西瑞金成立中華蘇維埃共和國，也以蘇聯的「蘇維埃」（工農兵代表大會）加在國名內，與蘇聯（蘇維埃社會主義共和國聯盟）同宗。

二次大戰後，以蘇聯爲首的共產陣營成立共產黨情報局來代替戰前的共產國際，在一九四八年的第二次會議就開除了南斯拉夫，其中一條罪名就是南斯拉夫背叛了無產階級國際主義精神。蘇共也曾懷疑毛澤東對中共內部「國際派」的鬥爭與提倡的馬列主義中國化，有南斯拉夫的傾向。這個問題一直令中共不安，所以南斯拉夫被開除後，劉少奇就在《人民日報》發表〈論國際主義與民族主義〉，表示完全同意共產黨情報局對南斯拉夫的譴責。劉少奇聲稱，中共忠於無產階級國際主義，擁護史達林領導的蘇共和偉大的蘇聯。

第二年毛澤東發表〈論人民民主專政〉時，再次表示在國際事務上的「一邊倒」路線。一九五〇年的「抗美援朝」，更借此宣揚中共發揚了無產階級國際主義精神，以取得蘇聯的信任。

中共的民族認同到一九五五年蘇共二十大赫魯雪夫批判史達林後開始轉變。其重要原因是毛澤東擔心中共也會出現向毛澤東鞭屍的中國赫魯雪夫；而毛也看不起赫魯雪夫，因爲毛的輩分高過他。其後中蘇兩黨不斷發生摩擦與齟齬。兩位共產黨領導人的互訪也不能解決問題，甚至分歧更大。中共極左政策導致的大饑荒，更聲稱是「敵（美國爲首的西方國家）修（蘇聯爲首的兄弟國家與兄弟黨）反（印度與台灣等『反動』國家）反華大合唱」的陰謀與結果。

這時中共開始展現它的「民族主義」來對抗蘇聯。但是中共沒有退出國際共產主義運動，而是與蘇聯爭奪國際共運的領導權，由此開展理論上長達多年的論戰。因此它也不能放棄國際主義旗號，甚至不惜花費許多資源，援助追隨它的共產國家與兄弟黨，例如阿爾巴尼亞，更耗費巨資拉攏兩邊通吃的越共與北韓，還充當「亞非拉」國家的大金主。毛澤東所要換取的，就是「世界革命」中心與領袖的地位。毛澤東發動的文革，更是中共反帝反修的結晶。也是中共的國際主義與民族主義相混合，根據不同需要突出哪一個主義的時代。

一九七六年毛澤東去世，中共逐漸進入「改革開放」時代，鄧小平提出的一系列主張，如「以經濟工作爲中心」，國際事務上的「決不出頭」與大大減少對外援助等等，使它的國際主義色彩日益淡化。由於毛澤東思想作爲一切工作指針的破產，中共唯有以民族主義作爲加強凝聚力的手段。一九七九年鄧小平發動對越南的「自衛反擊戰」，固然有許多複雜的因素，但是無疑是結束了「無產階級國際主義」的時代，並且突出「民族主義」的色彩，這時在外交政策上也比較傾向西方國家。但是一九八九年的六四屠殺，中國受到西方國家的譴責與制裁，於是中國又悄悄恢復它的國際主義路線，只是沒有公開宣揚「國際主義」而已，但是江澤民加強外交出擊，與蘇聯解體後的原蘇聯國家開展緊密合作關係，增加對北韓的援助與合作，修復與越南的關係等等。胡錦濤上台後，有公開走回毛澤東的「亞非拉」路線的趨勢，大爲增加對落後國家的經濟援助等等。但是這些外交活動與當年毛澤東所宣揚的「毫不利己」不同，完全是根據反美反台與擴大中共政治經濟影響的需要，甚至是到這些落後國家剝削他們的天然資源。但是如果說中國是以民族主義爲唯一的考量，又不是。因爲江、胡爲了拉攏俄國與某些鄰國，不惜確認當年不平等條約中割讓給俄國的領土，或者新割讓領土（如黑瞎子島），這與民族主義完全背道而馳。可見在民族主義的包裝下，其實只是中共特權集團的利己主義。爲了鞏固中共特權集團的統治，以維護他們的利益，爲了建立世界反民主的統一戰線，中共可以犧牲其他一切，包括它自稱的神聖不可侵犯的領土。而中國與台灣的統獨問題，本質上也是中共爲了維護一黨專政與民主台灣的對抗，煽動民族主義來轉移民眾視線。還需要指出的是，中國的民族主義，實際上就是大漢族主義。不但「中華民族」是虛擬的民族主義，而且因爲漢族以外的「少數民族」是漢人共產黨壓迫控制下的民族，他們絕對沒有伸展自己民族主義的機會。

在對國家的定義觀念完全不同的情況下，討論台海兩岸兩個獨立國家的統一問題，當然是十分荒謬的問題。即使是比「一國兩制」更自治的聯邦或邦聯，也沒有辦法解釋它應該是民主的聯合體，還是階級壓迫的國家。如果按照中共的國家定義，台灣是哪個階級壓迫哪個階級？這不是製造矛盾和衝突嗎？而統一後又是誰壓迫誰？這哪裡是統一，簡直就是製造分裂和混亂。因此中共必須在國家觀念上首先與全球化接軌，晉身正常國家的行列，才能從根本上解決兩岸關係。

參考文獻：

人民日報編輯部、紅旗雜誌編輯部。一九六四。《九評蘇共中央公開信》。北京：人民出版社。

毛澤東。一九六〇（一九四九）。《論人民民主專政》。北京：人民出版社。

毛澤東。一九六六（一九四〇）。《新民主主義論》。北京：人民出版社。

王滬寧等。一九九八。《新政治學概要》。上海：復旦大學出版社。

列寧。一九七三。《論馬克思恩格斯及馬克思主義》。北京：人民出版社。

馬克思、恩格斯。一九七八。《共產黨宣言》。北京：人民出版社。

史達林。一九七三。《論列寧主義基礎》。北京：人民出版社。

劉少奇。一九五六。《中國共產黨第八次全國代表大會政治報告》。北京：人民出版社。

劉少奇。一九五二。《論國際主義與民族主義》。北京：人民出版社。

中共研究的艱難道路

二〇一二年二月

去年十二月號的《開放》雜誌刊出社科院近代史研究所研究員唐寶林所寫的「《陳獨秀全傳》艱難誕生」，有頗多的感觸，只因當時全神貫注台灣的選舉，無暇寫一篇什麼；到了去年年底，又傳來南京大學歷史系教授高華五十七歲就逝世的消息，更使我震驚，非寫一點不可了。

上個世紀末，在台北買到唐寶林所著《中國托派史》。之所以買這本書，除了是我過去學的黨史專業外，還因爲看到作者介紹中，他是中國人民大學中共黨史系畢業，年紀比我小一歲而已。當年我在人大讀書時，班級裡我是年紀最小的第二位，比後來任職於廣東省社會科學院的沙東迅（原名沙才博，後來改名）年長半歲。因爲當時我在系學生會任職，我那一屆近三百名同學絕大部分都認識，那一屆是黨史系的首屆畢業生，唐寶林應該是低一屆或兩屆，所以他出書非「幫襯」不可；何況書是在台灣出版，想來在中國是犯禁了，更應該買。

長期關注陳獨秀的研究

自從一九七六年我從上海到香港後，即投入評論工作，但是還關心國內黨史界的情況，只是因爲忙於「現炒現賣」，對國內動態沒有更多的時間去了解。香港這方面的書不多，到深圳看到，會買一些，後來禁止入境，「貨源」也就斷了。尤其我非常關注陳獨秀的平反問題，因爲這涉及中共是否實事求是的問題，如果連歷史問題都不能平反，遑論面對更敏感的現實問題。何況這還關係到中共的「指導思想」。

一九八〇年代是中國思想界最活躍的年代，我寄望於中國的黨史界對陳獨秀的研究能夠有所突破，因爲在我就讀人大期間，對陳獨秀的評價被釘死在「黨史權威」胡喬木在《中國共產黨的三十年》中所說的，他「不是一個好的馬克思主義者」，經過文革後的初步反思，在我看來，陳獨秀卻是中共領導人中對馬克思主義最正確的了解者，尤其晚年對列寧主義、史達林主義的認識。因此我在一九八六年九月號的《九十年代》，就寫了一篇「中共理論的貧困兼談陳獨秀主義」一文。

當時凡是看到國內出版有關陳獨秀的書籍，我都買來，先擺在一邊，以後有時間或退休後再看，可惜這「以後」就一直沒有時間了。當時買到的有河南人民出版社的《陳獨秀評論選編》（上、下冊）、河南人民出版社的《陳獨秀被捕資料匯編》、天津人民出版社的《陳獨秀選集》、時代文藝出版社的《陳獨秀詩集》、重慶出版社的《陳獨秀年譜》等。其中我對《陳獨秀評論選編》最寄以厚望，因為四位編者之一的王樹棣是我的同年級，我在一班，他在二班。裡面一些文章的作者，林茂生是我們的老師，王樹棣、王沛是同學，而王洪模更是我們班的黨支部副書記，原來與前面二王都是二班的，反右後調來「加強」我們班級，入學前據說是派出所所長。但是可惜他們似乎想為陳獨秀講些好話，但是欲言又止，沒有什麼新的突破，一種是環境還不允許，一種則是他們從「教條主義大蜂窩」的人民大學出來，思想始終不大解放。還有一本是陳獨秀晚年的一些文章，不知什麼原因找不到了，不知是多次搬家扔書時不小心扔掉，還是被人借走沒還？很可惜，那是研究陳獨秀的重要資料。

我後來買到的是上海人民出版社的《陳獨秀傳》（上、下冊），是在六四屠殺後不久出版的，想想不會有太多的新觀點，因此買來後放在一邊。由於這本書是上、下冊，也沒有作者介紹，看了上冊的作者是任建樹，也就以爲下冊也是他寫的，不知道下冊是唐寶林寫的，所以後來買到《中國托派史》，才第一次看到唐寶林的名字。一直到最近看了他在《開放》的文章，我再去翻那本書，才知道唐也是其中的一位作者，實在「糟蹋」了幾年。而更使我感觸的是，看了《開放》唐寶林的照片，雖然他比我年輕一歲，然而樣子顯然比我蒼老，應該是研究的艱辛、家庭的變故等等而催人老。

紐約拜訪陳獨秀女兒陳子美

「托派」是很有趣的問題，因爲中共常常把反對自己的自己人打爲「托派」，可謂什麼都往裡面裝，總之就是叛徒加反革命。而我到香港後，也接觸到一些香港的「托派」，包括樓子春（一丁）一次，當然更有爲人所知的長毛（梁國雄），司馬璐在中共眼中應該也是托派。買到《中國托派史》後，人在美國，比較有時間看書，看了一大半，後來也因爲種種原因沒有看下去。羅孚送我他出版的另一托派鄭超麟的《史事與回憶》（三卷），雖然知道裡面有豐富的史料，但是一直還沒有決心去「開卷」。因爲對我來說，「現實」比「歷史」重要。

而有幸的是，我移居紐約期間，在香港的老朋友、世界日報記者曾慧燕陪同下，拜訪過陳獨秀的最小女兒陳子美，寫了篇「中南海燈火輝煌創黨者女兒晚景淒涼」，在《中國時代》一九九七年十一月號刊出。後來還陪過王丹的媽媽，在中國歷史博物館從事中國近代史與中共黨史研究工作的王凌雲女士去拜訪她。二〇〇四年四月，陳子美女士病逝，我和太太楊月清都去拜祭，後來還見到她做小生意的兒子李大可。

唐寶林的新書《陳獨秀全傳》窮盡三十年才寫出來，也是他的封筆之作，然而也只能在香港的中文大學出

王丹母親王凌雲（左一）、林楊月清（右二）、林保華（右一）在美探陳獨秀之女陳子美（左二）。（2002年，作者提供）

版，我還沒有機會去讀它。看了他的文章，猛然一想，我們都已經走在人生的最後一段路程了。所幸我也一直注意到中國國內黨史界不斷湧現新人才，最早是半路出家，「根子」不紅的葉永烈是我們同一輩；但是現在的正牌權威則有楊奎松等，他已是年輕一輩，著作等身，對研究黨史有突破性的貢獻。

但是使我「驚艷」的還是高華，那是看了他的《紅太陽是怎樣升起的——延安整風運動的來龍去脈》，內容震撼，所以是香港中文大學出版的。但是評介的不多。我看了以後忍不住有給大家推薦的衝動，有一次到香港再回美國時，給前輩司馬璐帶了一本，因爲他也不知道這本書的存在。我從不同角度寫了兩篇書評，一是《開放》雜誌二〇〇三年十二月號刊出的「延安整風：毛表演痞子功夫」，一是《信報》月刊二〇〇三年十二月號刊出的「毛澤東以權謀奠基統治架構和手段」。

高華「壯志未酬身先死」

有關整風運動中的「搶救運動」，我在學習黨史專業時沒有學到，而是在文革結束後胡耀邦的一次講話中才簡單知道這是一個被隱藏的恐怖事件，看了高華這本書後才知道它的來龍去脈，史料的豐富，即使「開國」時期，也判了毛澤東政治上的死刑。而韋君宜的《思痛錄》則可以作爲搶救運動中個人心史的補充。我在印尼看當時團中央刊物的《中國青年》時讀過韋的文章；在人大讀書時，常常傳達她的丈夫、時任北京市委宣傳部長楊述的講話；四年前在台北居然還見到他們的女兒楊團。

高華也揭出胡喬木的本質。文革結束後，胡的一句「長官意志」被反覆引用，似乎表明他的「改革」立場，但是事實證明，他不但是毛澤東的一條惡犬，也是鄧小平的惡犬而成爲「左王」。然而我居然還在台北的一次國際書展中買到一本中共中央黨校出版社的《胡喬木與中共黨史研究》，雖是吹捧之作，也讓我了解他是如何爲黨史「把關」的，多少觀點與禁區就是他設定的。唐寶林對黨史的研究就是不斷受到胡喬木的打擊，可說他就是中共黨史界的最大學閥，不把這個傢伙批臭、批倒，黨史界就無法解放思想，還歷史本來面目。

正當毛粉興風作浪企圖復辟毛王朝，連毛的白痴孫子毛新宇也像跳樑小丑一樣不斷表演時，作爲學術界「射日」第一人的高華卻不幸病逝，而且這樣年輕就病逝，實在是中國的一大損失。媒體還報導，作爲著名學者的他，卻住陋屋、生活窮困，尤其是五年前被診斷患上肝癌後，一度連醫藥費都不能保障，眞要爲他搥胸痛哭。他的逝世，比捷克前總統哈維爾的逝世還令人難過，因爲哈維爾已經完成他的歷史使命，可是高華卻是「壯志未酬身先死」，怎不「長使英雄淚滿襟」？儘管現在「妖霧又重來」，高華的逝世再度出現「我哭豺狼笑」的場景，但是我也相信，像我的母校中國人民大學教授張鳴所呼喊的：「高華兄，天一定會亮的！」

（台北除夕之夜到龍年初一凌晨）

《開放》雜誌

你是一個流氓

二〇〇一年七月

中共建黨八十周年，據說播放了一個名叫〈你是一面旗幟〉的節目，在中共第一次黨代表大會召開的嘉興南湖拍攝。這個「旗幟」，表面上是中國共產黨，但是肯定會將江澤民淩駕在中共之上而成爲「旗手」。但是不管中共還是江澤民，在這個建黨紀念日最好的評語就是：「你是一個流氓。」

「流氓」的同義詞有「無賴」、「痞子」、「二流子」、「潑皮」、「爛仔」、「白相人」等等。在詞典裡的解釋是「放刁、撒潑、施展下流手段等惡劣行爲」，還有就是「不務正業，爲非作歹的人」。實際上文字的解釋還不夠精確、全面和生動，因爲有些只能意會、不能言傳。但是我們看中國共產黨的表現，那是活生生的樣板。

馬克思、恩格斯在《共產黨宣言》裡也有論述，那是對流氓無產階級而言，指的是流氓中的窮光蛋。「流氓無產階級是舊社會最下層中消極的腐化的部分，他們有時也被無產階級革命捲到運動裡來，但是，由於他們的整個生活狀況，他們更甘心被人收買，去幹反動的勾當。」被收買指的是開展革命運動的時期，到了自己掌權之後，那是為爭奪利益而有另一番的表現了。

中國共產黨的建立，開始的確有一批理想主義者，他們是一批最早期接受馬克思主義的知識分子，例如陳獨秀。但是革命後來逐漸演變為「痞子運動」。對大革命後期湖南農民運動是否痞子運動就存在爭論。茅盾在他的小說《蝕》的三部曲之二《動搖》中多少也反映了一些那時的情況；而毛澤東在〈湖南農民運動考察報告〉中所謂「在少奶奶的牙床上滾一滾」，不就是痞子的所為嗎？到了大革命失敗，毛澤東率部到農村落草以後，流氓無產者就逐漸佔了主體而徹底變質。

流氓無產階級有兩個特點：一是他們好勇鬥狠。所以紅軍會打仗，而且兵不厭詐、又不擇手段，就如時下所說的「超限戰」，所以逐漸取得戰爭的勝利。黨內的路線鬥爭也不亞於對「階級敵人」的兇狠。二是懶散怠惰，不事生產，熱衷打土豪分田地、沒收官僚資本、民族資本、抄家、貪污國家財產，搜刮民脂民膏，這也構成了中共八十年的歷史。中共老一輩痞子的代表人物，有些文化的以毛澤東為代表，沒有文化的以王震最突出。現在的江澤民冠之以「技術官僚」，本質上也是痞子無賴白相人。

中共對國民黨的鬥爭，誰更流氓一些就能取勝，蔣介石就流氓不過毛澤東。這點倒有些像楚漢相爭時的劉邦同項羽。

在中共激烈的黨內鬥爭中，不是流氓同流氓的鬥爭，就是流氓同書生的鬥爭，書生當然都沒有好下場：從第一屆到第五屆擔任總書記的陳獨秀是非分明，不肯遷就共產國際認錯，被開除出黨，最後潦倒病死；一九二七年八七會議後出任負責人的瞿秋白失勢後在長征時被黨內對手丟在江西而被國民黨俘虜，槍斃前所寫〈多餘的話〉，直說他參加革命到擔任黨的負責人是個「歷史的誤會」，充滿辛酸；張聞天在長征途中雖然支持毛澤東奪取軍隊大權而被選爲總書記，但是到延安後被毛澤東打入冷宮，一九五九年被打成「彭黃張周反黨集團」，文革再被清算而被迫害至死；陸定一也是黨內的秀才，中共八大當選政治局候補委員，一九五九年差一點捲進反黨集團裡，文革前夕成了「彭羅陸楊反黨集團」成員，文革爆發後被毛澤東點名爲閻王殿（中宣部）的閻王而被殘酷批鬥，文革結束後因爲率先批毛、後來又反對鄧小平搞「反對資產階級自由化」而一直被投閒置散。劉少奇文革被批鬥時拿出《中華人民共和國憲法》爲自己辯護，突然之間也有點書生氣，結果死於非命；胡耀邦、趙紫陽等雖然也不是知識分子，但受到他們比較大的影響，所以也被痞子趕下台。

痞子的作風是恃強凌弱、欺軟怕硬。我們看看中共對手無寸鐵的國內老百姓，對弱小而不願打仗的台灣，動刀動槍在所不惜。對美國、日本雖然因爲他們有錢而百般諂媚，但是如果對方好說話時，就要騎到對方頭上；對方強硬時又拍馬屁都唯恐來不及。一九九九年北約轟炸中共駐貝爾格萊德大使館時，美國總統柯林頓道歉了六次都沒有被接受；而今年中美發生撞機而導致王偉機毀人亡事件，在中共自稱自己絕對有理的情況下，由於布什總統對中共的強硬路線，因而不必正式道歉，人機都奉還了。而以各種罪名逮捕異議人士乃至華裔學者，作爲人質，然後爲了參加奧運還是爭取美國總統訪問中國或江澤民訪問美國而可以臉上爭光，因而作爲交換而釋放人質，更是典型的流氓手段。

中國長期以來在共產流氓專政的情況下，假話連篇、人慾橫流、不擇手段、道德淪喪，使中華民族的素質陷於幾乎萬劫不復的境地。這八十年的罪惡，該如何清算？

《北京之春》二〇〇一年七月號（刊出時這題目被改動。）

中國的流氓經濟

二〇〇四年十二月六日

上一個世紀的六〇年代初，中共借蘇聯共產黨委員會給中共的一封公開信，批判中共的左傾路線與小資產階級狂熱，借題發揮回了九封，就是從一評寫到九評，集中共極左思想的大成，爲文化大革命做了思想上的準備。最近大紀元報系發表九評中國共產黨的系列文章，對中共進行全面的批判，可說是以其人之道，還治其人之身，全面揭露了中共的本質。中共的本質是獨裁專制政權，但是它的特質是流氓痞子政權。二〇〇一年中共建黨八十周年，中共拍攝「你是一面旗幟」的電視片，我寫了一篇「你是一個流氓」的紀念文章。流氓政治人們看得太多了，這裡講他的流氓經濟，有五個表現。

騙

有些生意人爲了偷稅漏稅而有兩本帳，中共的經濟帳也有好多本，到底有幾本恐怕自己也搞不清楚，因爲是個混帳。所以也可以說是個混帳經濟。中國每年的經濟成長率，年初「計畫」是多少，年底數字一定差不多，顯示它的英明偉大。所以有人說中國負責經濟的領導人應該可以獲得諾貝爾經濟學獎。

中國銀監會十月二十八日公布的統計數據顯示，第三季末，主要商業銀行五級分類不良貸款共計一萬六千九百九十八億元人民幣，比年初下降四千一百二十四億，不良貸款率爲十三點三十七%，比年初下降四點三九個百分點。但是不到一個星期，中國銀監會發出的消息稱，銀監會主席劉明康近日赴內蒙古考察調研時指出，受固定資產投資項目清理和整頓土地市場秩序等多方面因素的影響，不良貸款出現反彈，加緊降低不良貸款的工作面臨新的壓力和挑戰。劉明康還特別指出嚴禁在降低不良貸款工作中的弄虛作假行爲。主席否定自己的銀監會所公佈的數字，叫人相信哪一個？但是根據中國一貫報喜不報憂的作風，人們應該相信劉明康的話。但是爲何銀監會敢公然撒謊？顯然習慣了，也有他們的後台。這種欺騙的數字，比比皆是，例如這個壞帳問題，又是債轉股，又是把壞帳剝離出來另組公司，因此年年說好轉，年年那樣多。銀行上市困難重重，因爲禁不起查帳，特別是在境外上市。這些騙術對中外投資者起誤導作用。

賴

文革結束後，中國改革開放，主要是開放，更是開放要資金，特別是港資、台資的湧入，不但帶來資金、技術與管理，也協助解決中國的失業問題。北京搬出「一國兩制」，就是對資本主義的肯定。但是中國經濟稍有增長，便翻臉不認人。中共開放一些城市自由行到香港旅遊消費，便以香港的恩人自居。台灣經驗現在也不提了。六四以後台商救了中國經濟，現在中國對台商說三道四，什麼不准在中國賺錢而去支持台獨等等，似乎兩岸經濟交流只便宜了台灣似的。

中國聲稱要同國際接軌，但是拒不肯讓人民幣匯率自由浮動，面對美國的壓力，承諾會採取彈性政策，至今未見彈性在哪裡，連加息也沒有彈性，堅持不肯加息，扭曲了匯率。原因只是損害國企的利益。

嚇

中國人民銀行副行長李若谷十月參加華府舉行的世界銀行與國際貨幣基金組織會議時說，人民幣匯率若倉促浮動，將引發一億難民湧到南韓、日本或美國。看來，「人海戰術」不但在六四後恐嚇西方國家見效，現在又在金融領域發燒，目的只是不願改變匯率。在這以前李若谷聲稱利率要市場化，難道匯率不要市場化？

在這以前，中國則是恐嚇如果中國調整匯率，會引起國際金融市場的震蕩。其他國家匯率上下會有震盪，也總會平息，爲何就是中國的匯率不能動？

貪

中國經濟靠資金的投入來發展，今年第一季度固定資產投資比去年同期增長四十三%。政府強制的宏觀調控都難壓抑過熱的經濟，根本原因在於各級貪官都可以從這些投資中撈取自己的一份利益，投資越多，利益越大。其中又以投資地產的利益最大，因爲可以廉價從政府手裡圈地，以低價強迫居民遷移，然後高價炒樓賣樓。圈地不夠，還要

「圈河」，修造水壩，發電賺錢，連金沙江虎跳峽的「香格里拉」都難以避免。中國人不痛心，反而是《紐約時報》來干涉內政說三道四。這些圈地圈河已經逼得民眾造反，但是當局沒有停手之意，可說是不見棺材不落淚。

官僚把貪來的錢轉移到國外。目前有幾百億的國際熱錢流入中國等候匯率調整，對中國形成壓力；而熱錢一旦回流，又會出現新問題。

搶

本來，外資投入中國就充滿風險，賺了錢往往會被各級官員吃掉。中國的股市是政策市，因此各級官員可以近水樓台先得月，在股市圈錢，也就是搶錢。但是現在有更多的中國企業在境外上市來圈錢，或投機倒把來搶錢。國企、民企都是如此，因爲沒有國家的支持，民企也不可能在境內外上市。不久前的中國人壽懷疑上市帳目有問題導致在香港、美國股價大跌；最近又有中國國營中國航空油料集團在新加坡交易所掛牌的子公司中國航油日前因看空油價而操作衍生性金融商品失利，蒙受五點五億美元損失，幾乎等同該公司市值，該公司股票因此遭停止交易，公司方面並申請債務重組。中國航油已遭停職的總裁陳久霖則在危機爆發翌日，隨即搭機返回中國，留下大筆債務。性質的惡劣還在於陳久霖在十月十日已經告知，中國航油虧損一點八億美元，讓公司陷入可怕的財政困境。但鉅額虧損訊息卻遲至十二月一日才正式對外公布。十月二十日，該集團就以每股一點三五新元的價格，把中國航油十五%的股權賣給一家金融投資機構，再轉售給其他投資者，涉及內線交易。虧損訊息公佈後，導致股市混亂，投資者受到嚴重損失。

此外，香港廉政公署最近也逮捕拘捕香港創維數碼集團主席、中國富豪榜排名第三十一位的黃宏生等十五人，他還是全國政協委員。罪名是涉嫌上市造數與盜取公司資金，消息導致中國民企股股價大跌。類似情況常常發生，嚴重損害香港金融中心的地位。

中國股市本身黑幕重重，所以不但中國企業來香港上市，就是在中國的台商企業在台灣上市，也都要嚴加控制，因爲對他們無從監督。

對中國的流氓經濟，國際上都相當寬容，主要是害怕中國報復而拒絕做生意。然而這種姑息將導致中國形成經濟惡霸，一旦問題累積越來越大，不但可能造成中國的崩潰，也會影響世界而成爲另一種的「黃禍」了。

（在台灣大紀元時報《中國經濟困境與共產黨本質》論壇的發言）

百年中共外交政策的「統戰」本質

二〇二二年一月二日

一個國家的外交與內政有非常緊密的關係，馬列主義更認爲外交就是內政的延伸。因此既然統戰是中共革命的三大法寶之一，因此也是對外政策、實現世界革命的法寶之一。

因此毛澤東有關統戰的論述也用在外交方面。毛澤東的統戰論述最集中在《毛澤東選集》第二卷的後面幾篇，例如〈目前抗日統一戰線中的策略問題〉、〈論政策〉等。主要精神就是「發展進步勢力，爭取中間勢力，孤立頑固勢力」，以及「利用矛盾，爭取多數，反對少數，各個擊破」；其中又有「有理、有利、有節」的原則。過去國民黨將統戰解釋爲「利用次要敵人打擊主要敵人」是將統戰簡單化的定義。

統戰政策有敵友我三個陣營，「我」是主體，敵與友則是根據不同時期與情況可以有靈活的變化。

◆一百年的中共對外統戰政策大致有八個階段：

第一階段，建國前到一九四九年中華人民共和國成立的「一邊倒」。

一九二一年中共建黨綱領就是反帝反軍閥，此處的帝國主義就是西方經濟高度發展的資本主義列強，因爲中共的創立就是蘇聯外交政策的產物。一九三一年中共成立的中華蘇維埃共和國是蘇聯的「兒子國」，是爲「保衛蘇聯」而存在，當然沒有自己的外交政策。一九三五年到了陝北後配合蘇聯的國際統一戰線也搞內外統戰，利用抗戰期間的國共合作、與美國盟軍的合作，在重慶開始統戰美國。例如中共中央機關報的《新華日報》發表稱讚美國民主的社論，還把美國大使赫爾利騙到延安參觀，博取好感，種下一九四九年美國拋棄蔣介石準備與中共建交的種子。後來毛澤東爲向蘇聯表白中共不走南斯拉夫道路而宣佈「一邊倒」，因此中華人民共和國成立後，其他十個共產國家立即宣佈承認。

第二階段，一九五〇年代。
依靠社會主義陣營，團結印度等亞非國家，打擊帝國主義。

此時中國以支持民族解放運動爲口號與印度、緬甸、印尼等新獨立國家打得火熱，一九五五年在印尼萬隆召開亞非會議，宣揚「求同存異」的和平共處五項原則。一九五四年周恩來對緬甸首相吳努表示中共已經解散在東南亞國家的「僑黨」，然而我在印尼讀書的華人中學，中共地下組織還很活躍，滲透華人社團學校，發展組織。

第三階段，一九六〇年代。
打倒美帝、蘇修、印度反動派，發動世界革命。

一九五九年中共爲爭奪國際共產主義運動領導權，反對「非史達林化」而與蘇聯修正主義決裂；也因爲一九五九年的西藏叛亂而與印度決裂，爭奪對不結盟國家的領導權。「帝修反」成爲中國敵人。此時毛澤東在國內發動文化大革命，在國外發動世界革命把全球毛派發動起來，不但毛派游擊隊在落後國家大肆活動，西方國家毛派也上街。

毛澤東更創造「社會帝國主義」名詞爭奪被蘇聯影響的國家。一九六二年中國與印度在邊界發生戰爭；並且在一九六九年中共召開「九大」前夕發動中俄邊境的珍寶島戰役，以凝聚因爲文革而分裂的人心共同對敵。

第四階段，一九七〇年代。

聯合美國打倒蘇聯社會帝國主義，創造三個世界理論。

珍寶島事件引發蘇聯準備入侵中國，要美國保持中立，美國將機密告訴中國，毛澤東遂發動「乒乓外交」後邀請美國總統尼克森訪問中國，中美聯合抗蘇。中國也加大對非洲的援助，導致非洲國家群起支持中國加入聯合國。毛澤東再創造「三個世界」理論：美蘇是超級大國，歐日澳加等發達國家是第二世界，中國與亞非拉國家是第三世界，中國是當然領袖。一九七二年尼克森訪中以後，中國開始拉攏西方國家，推行「熊貓外交」。此時把拉丁美洲拉進來，顯示在與美國合作後就立即準備滲透美國後院。爲了討好美國，當然還有黨內鬥爭的需要，一九七九年鄧小平還發動懲罰越南的戰爭，爲美國在越戰的失敗報仇，雖然中國在越戰期間曾爲越南提供武器、物質乃至人員的支持。

第五階段，一九八〇年代。繼續聯美抗蘇，極力拉攏西方發達國家騙取資金，冷落第三世界。

此時中國進入改革開放時代，需要發展經濟來恢復因爲文革導致對中共的信任危機。因此鄧小平以「蘇修亡我之心不死」，與美國及西方國家結盟，推行不強出頭的韜光養晦策略。鄧小平還修正列寧主義關於帝國主義是戰爭根源的理論，認爲戰爭並不是不可避免，帶頭裁軍。這些使西方國家誤以爲中共要走資。中國因爲文革使經濟頻臨破產，亟需外國資金、技術、人才、管理來救命，已經沒有餘力發揮無產階級國主義精神經濟支援其他國家，所以冷落第三世界，連鮮血凝成友誼的北朝鮮也失去中國的經濟支持，雙方關係跌到低點。

第六階段，一九九〇年代。
拉攏俄羅斯，經濟籠絡、政治敵視西方國家，冷落第三世界。

一九八九年六四屠殺後，蘇聯瓦解，中國外交十分孤立，便開始拉攏俄羅斯，以談判邊界協議來確認十九世紀滿清政府在西伯利亞與中亞的失地爲誘餌重建中俄關係。由於中國仍然需要資金發展經濟，所以也極力拉攏西方國家，然而政治上已經充滿敵意，尤其對美國，因爲認爲八九學運是美國煽動的。也由於這時資金仍然缺乏，而且作爲發展中國家的彼此競爭關係，所以中國繼續冷落第三世界。

第七階段，二〇〇〇年代。
經濟拉攏、政治敵視西方國家，與俄羅斯結盟，殖民第三世界。

二〇〇一年中國加入WTO，繼續利用西方國家擴張中國的出口市場與利用外資，並且盜竊智財產權；同時簽署中

江澤民肉麻擁抱葉爾欽以拉攏俄羅斯對付美國。（取自網路）

俄邊界協定與成立上海合作組織，確立與俄羅斯的結盟關係，甚至聯合軍演。由於這時中國已經悄悄崛起，需要大量資源，因此開始向第三世界擴張，尤其是非洲，以援助爲名實行殖民政策，掠奪當地資源，美其名「和平崛起」。也由於財富的積累，中國的暴發戶習氣開始增長，目空一切，加強排外的狹隘民族主義意識。

第八階段，二〇一〇年代以後。中俄結盟與美國爭霸，拉攏第三世界，擴大殖民建立中華帝國朝貢體系。

胡錦濤統治末期中國開始掀起排外浪潮，日本首當其衝。習近平二〇一三年以「一帶一路」殖民第三世界，並且滲透第二世界。在南海爭議島礁造島或擴大原島嶼，並且對抗國際法庭的裁決違背承諾建立軍事設施，將觸角伸向東南亞諸國。也強化侵入釣魚島列嶼海域，更是不斷派軍機騷擾台灣領空進行軍事挑釁，加劇與美日台的軍事緊張關係。中國還以全球化將經濟黑手伸進全球各地，並以銳實力滲透民主國家進行間諜與策反活動。此時的目標就是擴張領土、建立中華帝國的朝貢體系，乃至領導接受中國價值觀的「全球化」，尤以武漢肺炎疫情流行後更加囂張。

中共在推行統戰政策時，有以下幾點值得關注：

一，建國初期以民族解放的理念來進行統戰騙取亞非拉國家的信任。後來的統戰則以利益誘惑，甚至不惜賄賂外國權貴，例如香港第一屆特首董建華的愛將何志平在紐約公開行賄查德總統被美國當局抓獲判刑，這是冰山一角。

二，中共善於分化民主國家之間的團結，例如利用美國波音飛機與歐洲空中巴士的商業競爭來挑撥美國與歐盟的關係，其實中國根本不可能把雞蛋放在一個籃子裡，但是歐盟與美國因此產生間隙；也利用不同種族與偷襲珍珠港的歷史創傷對美日進行挑撥離間。

三，中共初期利用僑居地華人來拉攏所在國名人，後來則自己出馬。例如以前利用百人會統戰美國，後來則可以直接找上前國務卿基辛格來貫徹中共意圖。對外統戰滲透的具體執行者就是中國駐各地的使領館。

在去年年底，戰狼外長王毅繼續對美國噴出毒液施壓，中國還放出空氣習近平可能在疫情後第一次出訪的國家是前蘇聯加盟共和國、上海合作組織哈薩克斯坦，可見敵我陣營完全沒變，民主國家不要對中共存有任何幻想。

（光傳媒）

劉英對中共黨史的若干釋疑

二〇一六年六月

今年四月號的《炎黃春秋》刊出《劉英憶延安歲月》的文章，由何方採訪，宋以敏整理，澄清了過去被誤導的歷史疑點。這個工作其實在八〇年代已經進行，後來左傾當道而難以繼續，或難有出版物公開發表。但是還有一些有心人默默地做這些工作，尋找機會還中共黨史的眞相。

劉英（一九〇五——二〇〇二）是擔任過中共總書記張聞天（洛甫，一九〇〇——一九七六）的夫人，張聞天在延安期間被免去總書記職務，一九五九年廬山會議是彭黃張周反黨集團一員。

我作爲中國人民大學中共黨史系第一屆學生，我們的黨史專業課從一開始就表明必須遵從胡喬木《中國共產黨的三十年》的基本觀點，不容違背，人手一本。這是一九五一年中共建黨三十週年前夕胡喬木在《人民日報》所發表的文章，簡述了中共的三十年歷史，成爲我們的教學大綱。當時胡擔任毛澤東的秘書，中宣部副部長，他是黨史權威中的第一把交椅，爲黨史定調。

胡喬木這本書給我最深刻印象是其中的兩個基本觀點：「陳獨秀並不是好的馬克思主義者」、「遵義會議撤換了『左』傾機會主義分子的領導，確立了毛澤東同志在中央和全黨的領導地位」。

文革一結束，黨史界就一直有爲陳獨秀翻案的呼聲，但是至今沒有成功，雖然對他作了許多肯定，然而擺不開胡喬木的陰影，因爲其背後就是毛澤東。我在香港《九十年代》一九八六年一月號寫了一篇《中共理論的貧困兼談陳獨秀主義》，談了我對陳獨秀的看法。至於毛澤東如何在中央和全黨確立領導地位，這「領導地位」指的是什麼，黨史界也有許多說法，劉英的這篇回憶比較可信。這不但是因爲當年她的身份，而且言語平和，沒有反毛，雖然不平之氣還是有的。

「確立了毛澤東同志在中央和全黨的領導地位」是含糊的說法，是拍馬屁、也是掩蓋黨史及其後黨內鬥爭毛澤東以各種權謀利用並分化政敵最後取而代之的說法。

總書記是皇帝，家是皇宮

一九三四年中央紅軍離開江西長征後，成立軍事「三人團」的領導班子，由博古（總書記）、李德（德國軍人，共產國際代表）、周恩來三人組成。因爲連打敗仗，召開遵義會議時，撤換了博古與李德，新「三人團」雖有些不同說法，基本上應該是張聞天（或王稼祥）、周恩來、毛澤東。劉英說，當時（包括在陝北的初期）毛澤東只管在前線打仗，什麼事都不管。但是爲了「拔高」毛澤東，胡喬木說，此時已確立毛澤東在中央和全黨的領導地位。從「槍指揮黨」的角度，倒是事實。

劉英敘述了具體經過。她明確的說：「聞天說過，選他當總書記是毛主席提議的。」毛還多次當面稱呼張聞天是「皇帝」、「明君」，稱呼劉英是「娘娘」。

在保安（後來改爲志丹縣）和延安，中央開會也在張聞天的家裡，毛澤東把到張家開會叫做「進皇宮」。張失勢後改在毛澤東家裡，這是當時的習慣。一九八九年六四鎮壓前夕，鄧小平召集趙紫陽等黨內高層到他家裡開會，有人說這個會議不合法，其實不正是「延安傳統」嗎？從這裡，我們也看到毛澤東與中共黨人的農民意識，革命只是封建王朝的改朝換代而已，雖然劉英拒絕「娘娘」的稱呼。

毛澤東爲何稱讚張聞天是「明君」？劉英說，因爲張聞天願意接受毛澤東的意見。遵義會議「論思想是毛主席的，但是出頭的是張聞天。」許多回憶錄裡，都講過毛澤東在長征期間是裝病躺在擔架上，與另一個眞病的總政治部主任王稼祥密謀，王是國際派重要人物，在爭取到王稼祥與張聞天（當時是中央政治局委員兼書記處書記）的支持後才在遵義會議上發難。張聞天也是留蘇的國際派，新班子需共產國際批准，所以毛澤東把張聞天推上寶座。到共產國際信任毛澤東後，張完成歷史任務下台。

一九三七年一月，劉英經蘭州去蘇聯治病，正好另一位國際派頭號人物王明奉命從莫斯科經蘭州回延安。第二年王稼祥向共產國際介紹劉英時，張聞天已經不是總書記而是「負總責的書記」，說是因爲加強集體領導。後來她了解：王明一九三七年回國召開十二月會議，傳達了共產國際指示，書記處增加書記，以毛澤東爲領袖。他從共產國際帶回來的十六人名單，排第一的是毛主席，他自己排第二，把聞天排在老後面，等於他取代了張聞天的地位。

張聞天到毛澤東的權力轉移

按照劉英的說法，張聞天並不在乎這些，準備讓王明當總書記，但是毛不同意，說中共七大再解決。一九三八年七月六屆六中全會，王稼祥再從共產國際帶來季米特洛夫的指示，要樹立毛澤東當領袖，張聞天再找毛，要公開辭掉總書記職務，毛還是說「不到時候」。但是中央開會已經轉到毛澤東家裡。

一九四二年初張聞天帶了一個調查團到晉西北，回來後繼續搞邊區工業與財經的調查，基本上躲開了延安整風與搶救運動，應該也是毛澤東放他一馬，毛則狠狠整了王明。

劉英說，聞天、博古、王稼祥、凱豐、李維漢都寫了檢討。聞天寫得認真，毛滿意。博古、凱豐態度也很好。王明不承認錯誤，稱病不參加會議，後來在大會上揭發王明的問題，王明老婆孟慶樹沉不住氣，要把王明抬出來到會上去辯論。那天開會，劉英坐在毛的旁邊，孟慶樹一下台就趴在毛的腿上哭，爲王明辯護，「毛主席當時不動聲色。我看得出，毛主席是下決心，不遷就了。」

根據其他報導，一九四三年三月中共中央改組，毛澤東擔任「書記處主席」，才正式完成「一元化」領導。

有關整風運動與搶救運動，劉英提到幾件事情：劉少奇一直「右」，在黨內沒地位，但是整風一開始就給毛寫信，說白區工作一定要總結。「毛主席就利用這封信發難，把劉少奇重用起來，劉少奇一下子就紅了。」最凶險的十天大會是康生主持。在共產國際喊王明萬歲的康生一看到毛要整王明，馬上給王明列出六十條教條主義表現。張聞天看到後對劉英下結論說：康生是個小人。她後來也認爲康生是搞情報工作的，特務搞得越多越好。毛也相信這個東西。「康生沒有毛主席，行嗎？」

陝北幫的救命恩人是張聞天

有關搶救運動製造大量冤案，整死許多人，結果沒有一個眞正的特務。現在已經有越來越多的文章揭露，劉英提到的一個，是後來長期擔任上海市委書記的政治局委員柯慶施的老婆曾憲蘭被逼到神經錯亂，半夜三更跳到一個枯井裡自殺身死。不過柯慶施後來還是很左。凱豐的老婆是胡喬木親自搞她的，打了燈籠搞車輪戰，後來也得神經病死了。胡喬木這個「左王」，自有其傳統。

此外，過去黨史裡所說的，在紅軍長征抵達陝北以前，左傾路線如何關押劉志丹、習仲勳、馬文瑞等人，是毛澤東如何救他們出來的。但是劉英說，是他們寫信給張聞天的，「聞天說，一個都不能殺，叫他們把人放了。」當時毛澤東在吳起鎮，根本和中央沒有聯絡，何來「刀下留人」之說？劉英感慨：「歷史就是這樣的，好事都往一個人身上推。」所以習近平應該明白，救他老爸的，不是毛澤東，而是張聞天。那就別把毛澤東那一套傳承下來禍國殃民。

（《動向》雜誌）

毛澤東以權謀奠基統治架構和手段：

讀《紅太陽是怎樣升起的——延安整風運動來龍去脈》

二〇〇三年十二月

今年十二月二十六日是毛澤東一百一十周歲冥壽。對借毛澤東的神主牌推展「新政」的中共新領導人來說，他們會怎樣對待這個紀念日，是個饒有興味的問題。毛澤東已經「駕崩」二十七年了，據說也已經從神壇回到人間，但是中共當局除了在一九八一年六月召開的十一屆六中全會通過了《關於建國以來黨的若干歷史問題的決議》爲毛的功過定調，就禁止中國老百姓公開評毛，不要說「非毛」了，就是進一步探討該決議所批判毛的錯誤也被禁止，例如反右、大躍進、文革等等。但是中國的學者沒有就此停止研究，他們也利用各種機會，以打擦邊球的技巧發表他們的研究成果。

公元二〇〇〇年，香港中文大學出版了一本《紅太陽是怎樣升起的——延安整風運動的來龍去脈》（以下簡稱《紅太陽》）。是被壓抑多年之後，中共黨史學術界中石破天驚之作，可惜出版界和學術界尚未給予足夠的重視，只是以口碑形式流傳，筆者不吐不快，但是從閱讀到這次修訂完稿，也幾乎花了近兩年，實在慚愧。

評毛將是中共政改動力

《紅太陽》的作者高華，是南京大學歷史系副教授，歷史學博士，長期研究中共黨史、民國史、中國現代史。可喜的是他今年還不到五十歲，來日方長。中共雖然禁止「老一輩」評毛批毛，但是江山代有才人出，長江後浪推前浪，有高華這樣的年輕人出現，被顛倒的歷史遲早還是要再顛倒過來。當然，高華不是一個人，他也吸收了不少國內外學者，特別是國內學者在艱難環境下小心翼翼所作出的黨史研究成果。而這本「大成」，也只能在香港出版，哪年哪月，一旦中國可以廣泛、公開的評毛，必將成爲推動中共進行政治改革的巨大動力。

本書共有十五章，從第一章《毛澤東與原中共中央歷史上分歧的由來》，到第十五章《「毛主席萬歲」——延安整風的完成》，也就是毛澤東從上山落草到一統全黨的過程。全書七百多頁。

這個從一九二七年敘述到一九四五年的歷史，是毛澤東在中共黨內從崛起到成功的歷史。書中所敘述和分析的只是毛澤東在黨內鬥爭中用什麼權謀取得成功的。他在黨內的成功奠定了奪取國民黨政權的基礎。一九四五年以後是他成功後如何鞏固權力，直至死亡；由於更是「現代」，也就更爲敏感，出版的困難也就越大。但就是這前半部，不但是黨內和「革命根據地」內的「與人鬥爭，其樂無窮」，也奠定了日後中共統治中國大陸的一套政治架構和手段。

而在毛澤東的整人過程中，當時的中共領導人也有不同的嘴臉，這些人以後都是「黨和國家領導人」，當時的表現同後來的表現也是一脈相承的，這又爲我們提供另一個了解中共領導人的窗口。文革及以後他們的遭遇和表現同延安時期大多都有必然的聯繫。

過去在黨史中迴避的ＡＢ團屠殺事件，實際上也是毛澤東所爲，以後延安時期的審幹、整風和搶救運動，以及中共建國以後的歷次政治運動，基本上是沿用同一手法，構成了中共政治運動的恐怖特色，也是毛澤東控制全黨全國的重要手段。毛澤東批判王明「殘酷鬥爭，無情打擊」，其實這才是毛澤東自己的寫照。在ＡＢ團事件中批評毛澤東的項英，因爲在一九四一年皖南事變中殉難，以後在中共黨史中就一直被戴上「右傾」的帽子；而周恩來則一直在戰戰兢兢中過日子。

紅色恐怖的活生生圖景

本書以翔實豐富的史料和眾多的典型個案將延安「搶救運動」的酷刑和慘狀及整風運動的活生生圖景淋漓盡致的展現在讀者面前，使筆者回憶起反右和文革時的「紅色恐怖」，看到這幾個章節的那晚居然做起了惡夢。也使我想起曾在文革中坐牢、多年前離開中國、現在澳洲任教的經濟學家楊小凱，他第一次來香港大學擔任訪問學者時，因爲香港離開大陸太近，以致開始幾個晚上都在做惡夢。可見這個「精神奴役的創傷」對這一代人的深刻影響。其中有些人還受到肉體創傷，甚至被秘密殺害。例如對黨內「托派」的處死方式有集體被刺刀捅死、馬刀劈死、活活打死、集體槍殺、集體活埋、任憑狗咬，以及用木榔頭把腦殼砸爛等等。令人髮指的還有，延安和平醫院還用三個活生生的「反革命分子」做醫學解剖。因此能在那個恐怖機器中倖存並且爬上高位者，實不必對他們的人性寄以太多的期望。

下面一段是書中對當時延安情況的描寫：「在康生和各單位審幹小組施行的精神、肉體雙重折磨下，大批『特務』被製造出來，人們互相『揭發』，甚至許多夫妻也互相『咬』對方是『特務』。各單位、學校的『日特』、『國特』、『叛徒』魚貫上台自首，有的還被樹爲『坦白』典型，胸佩大紅花，騎在馬上，風塵僕僕地巡迴各地現身說法。一九四三年夏秋之後，各機關、學校大門緊閉，門口由警衛把守，延安的人們已中斷互相來往，『誰也不敢理誰』，在偌大的延安城，也需持介紹信才能辦事。入夜，延安萬籟寂靜，聽不到一點聲音，陷入一片恐怖、沉寂之中。」

毛澤東一統全黨有兩個關鍵時期，一個是一九三五年一月的遵義會議，一個是一九四一年以後的延安整風。遵義會議上，毛澤東聯合了國際派的張聞天、王稼祥，對付其他國際派，奪取了黨內的軍事領導權，這是第一步。在延安整風時，毛澤東則同劉少奇結盟，反對這個尚有影響力的國際派而一統全黨，特別是奪回對馬列主義意識形態的解釋權。毛澤東如何發現劉少奇，劉又如何充當攻擊王明的馬前卒，主動靠攏毛澤東；以及兩者開始還有點分歧，其後又如何完全一致，書中都有詳細的資料分析。而彭眞因爲是劉的愛將，因此也有他在延安的發跡史。

領導人不同遭遇和角色

在延安整風中最受毛澤東寵信，也最會揣摩毛意的是康生。被稱爲毛澤東手中「出鞘的利劍」；康生在文革中再受毛澤東的重用，正是因爲文革就是當年整風運動的翻版和發展。康生是壞透的中共黨棍，然而中共把延安整風中的壞事全推給康生，就同文革把壞事全推給林彪和「四人幫」一樣。實際上延安整風運動中，除了毛是第一號人物，重要事情都要他點頭外，劉少奇則是第二號人物，他甚至是秘密機構「中央反內奸鬥爭委員會」的主任，只是他深居簡出，也許是更加深沉不露而已。

中共建政後第一個被毛澤東收拾的中共地方實力派領導人高崗，也是在延安被毛澤東特殊重用，用地位、權力、名譽將他緊緊拴住。所以高崗在中共建國初期同劉少奇爭權，以爲毛澤東支持他，最後才明白他被毛出賣了。

而王明自始至終沒有怎麼對不起毛澤東，他沒有打擊毛澤東，打擊毛澤東的是博古，他開始根本沒有把毛澤東放在心上，到他發現毛澤東「坐大」以後，甚至還討好他，但是毛澤東一直沒有放過他，把他作爲主要敵人打，因爲他是國際派的首腦，不搞臭他，不鬥垮他，毛澤東就無法牢固建立他對全黨的控制。

毛澤東最不放心的軍事將領，除了張國燾就是項英。書中沒有敘述毛澤東是如何逼走張國燾的。但是對皖南事變則表達某些同中共傳統的不同看法，那就是遠在延安的毛澤東給項英「前後矛盾，變化無端」的電報指示。項英在進退失據下發生皖南事變，項英被自己的警衛殺害。毛澤東一箭雙雕，既指責項英右傾機會主義，又指國民黨搞摩擦、不抗日。書中說，「在項英地位岌岌可危的時刻只有周恩來能體諒項英進退兩難的苦衷」。也許因爲項英其實是周的替死鬼。我們如果了解張國燾的西路軍是如何覆滅的，就可以看出毛澤東完全是用同樣的手段借刀殺人，那時也是一會要西路軍西進打通「國際路線」，一會又要他們在貧瘠地區建立根據地聽任兇狠的「馬家軍」來剿滅，然後把責任推給張國燾的「分裂主義」，清除黨內軍內這個勁敵。

至於毛澤東對周恩來如何又利用又打壓，自然也是不可少的內容，這裡就不贅述了。

箝制傳媒控制幹部手法

毛澤東通過這場整風運動爲他建國以後控制國家、控制幹部和控制人民積累了豐富的經驗。主要有以下幾個方面：

一，控制傳媒，箝制民衆的思想。

高華根據對當時延安傳媒，特別對喉舌《解放日報》的研究，認爲該報總編輯陸定一和當時的中宣部代部長胡喬木已經建構了毛澤東新聞學的框架，「最顯著的特徵是將政治功利性視爲新聞學的本質，而否認新聞具有超階級性屬性的觀點。」主要有幾點：

1.「黨性第一」的原則。胡喬木說，黨報「要在自己一切篇幅上，在每篇論文，每條通訊，每個消息……中都能貫徹黨的觀點，黨的見解」。也就是「黨性」要充斥在傳媒的每個細胞裡。

2.反對「虛假眞實性」的原則。陸定一提出了一個有名的口號：「把尊重事實與革命立場結合起來」。考慮上面的第一個原則，「事實」和「立場」哪一個重要也顯而易見。

3.新聞的快慢必須以黨的利益爲原則。他們說：「該快的快」，「該慢的慢」，「有的壓一下才發表，有的壓一下不發表」，一切必須聽命於黨的領導機關和最高領袖。

4.運用報紙指導運動的原則。在運動初期和達到高潮的一段時間內，集中報導，形成宣傳規模，用以教育幹部和群眾，震懾和打擊敵人。

5.新聞保密和分層次的原則。供領導幹部閱讀的參考消息就是那時開始發行的，這也是領導人的特殊權利之一。

現時一再發出的新聞改革呼聲都衝不破這五個框框。

二，控制幹部，使之服從領袖。

1.以政治學習來洗腦。內容是聽報告和學習文件：聽報告是聽領導人報告或傳達報告，學習文件有二十二個「幹部必讀」的文件。後來發展爲學習毛澤東著作、鄧小平著作、江澤民的「三個代表」等等。

2.交代問題和相互揭發。交代問題即所謂「向黨交心」；相互揭發則以「小廣播」爲題，包括黨的機密，對國內外大事、本單位等有背離中央精神的私下議論，人們一下陷入「紅色恐怖」之中。

3.建立幹部檔案制度。面對來自五湖四海的幹部，要他們寫自傳，詳細填寫履歷表，存入檔案，而且要反覆寫，看有沒有漏洞和矛盾。還要寫「反省」筆記，並且建立抽查制度。中共建國後發展為要寫每個階段的思想小結，然後組織評定，存入檔案。

4.等級制度逐步完善。王實味當時已經指出延安「食分五等，衣著三色」。大、中、小灶制度一九四〇年就在全黨推行。接著還有以幹部級別為基礎、由領導介紹批准的婚姻制度，以及領導幹部的保衛制度等等。領導幹部一旦犯政治錯誤，他們享有的特權也隨著消失，因此助長他們倒向權勢而昧於事實和自己的良心。

利用政治運動一統全黨

三，建構完整的政治運動模式。

1.引蛇出洞，摸底排隊。「站隊」正確與否，此時見分曉。一九四二年春寒料峭時，毛澤東發出整風動員報告，引出了丁玲的《三八節有感》和王實味的《野百合花》，結果他們都吃苦頭了，王實味最後還被殺。五七年上當的是「資產階級知識分子」；六六年的文化大革命上鈎的是跳出來執行「資產階級反動路線」的劉少奇和鄧小平；八〇年代以胡耀邦爲首的改革者也中箭落馬。

2. 另起爐灶向原來的權力機關奪權。文革初期毛澤東以中央文革小組取代政治局；在延安整風初期，一九四一年九月成立「中央高級學習組」，一九四二年六月乾脆成立中央總學習委員會，由毛澤東任主任，康生任副主任，領導運動，取代了政治局和中央書記處的大部分職能。中共十六大後的兩個司令部如何一統，可能也會參考這個模式。

3. 採取激烈手段，達到目的後再道歉。中共的政治運動方式向來是熱發動、冷處理。先用逼供信的精神與肉體折磨的激烈手段獲得「成果」，然後據說是避免處理時傷害太多人而冷處理，甚至用道歉、平反等方式緩和矛盾。延安整風後期的一九四四年，面對不滿的幹部，毛澤東被迫在一些場合脫帽道歉，但是拒絕承認「搶救運動」爲錯誤運動，避免政敵「翻案」。毛澤東在文革後期也說文革是「七三開」，鄧小平也只認爲反右是「擴大化」。且看六四屠殺和鎮壓法輪功會怎麼說。

搶救運動的中止，在於一九四三年十二月的莫斯科來電，前共產國際（已經解散）領導人季米特洛夫在史達林授意下批評毛澤東過火的黨內鬥爭，任弼時等也認爲不能再搞下去了。其實毛澤東最心知肚明，怎麼可能整出百分之八十的特務？總之，運動停止，對受害者進行甄別。劉少奇因爲大事頌揚毛澤東而進入他的「理論噴湧期」，當然也少不了周恩來對毛的頌揚，於是毛澤東思想定於一尊。中共的五個核心毛澤東、劉少奇、周恩來、朱德、任弼時正式定位。於是召開中共七大，「紅太陽」照耀了全黨全軍，延續了二、三十年才下山。

（《信報月刊》）

延安整風：

毛表演痞子功夫——讀《紅太陽是怎樣升起的》

二〇〇三年十二月

公元二〇〇〇年，中共黨史的學術界出了一件大事，那就是南京大學歷史系副教授高華出版了《紅太陽是怎樣升起的——整風運動的來龍去脈》（以下簡稱《紅太陽》）。它的重大意義第一在於它的學術價值：對毛澤東如何運用權謀手段攫取權力而成爲中共黨內的「最高」作了全面、深刻的分析，從而可以認識中國共產黨是怎樣的一個黨；二是打破了中共評毛的禁區，然而它仍然不能在中國大陸，而只能在香港的中文大學出版社出版。至今評論這本書的文章還不多，但是口碑相傳的不少，更有人因爲攜帶它回中國而被海關沒收。去年八月，北京律師朱元濤從香港三聯書店購買此書直飛回北京時在機場海關以「走私違禁印刷品」而被當場沒收。朱元濤認爲沒收行爲不具法律依據，於是向北京海關提出行政訴訟，今年八月獲判勝訴。

今年十二月二十六日是毛澤東一百一十歲冥壽，中共又開始爲他塗脂抹粉來增強自己的合法性；毛澤東那個白癡孫子在媽媽邵華的操控下出版了什麼《爺爺毛澤東》。爲還毛澤東的眞面目，人們應該好好讀這本書。《紅太陽》從一九二七年毛澤東落草井岡山一直寫到一九四五年的中共第七次全國黨代表大會。由於內容太過豐富，本人僅就其中一部分做出評介。那就是如何認識從一九四二年開始的前期的延安整風「學習運動」，不包括後來駭人聽聞的審幹和肅反「搶救運動」。長期以來它被中共所美化。實際上這哪裡是什麼「學習」，根本是一場痞子運動。這是由毛澤東這樣一個痞子和一批中國農村和城市的流氓無產階級所領導的「學習運動」，從而決定了運動的性質。而這種「痞子效應」，我們還可以從中共建國以後所開展的政治運動（其中都冠以「政治學習」的美名），包括同赫魯雪夫的「論戰」中可以看出。時至今日，我們從不久前香港土共對劉慧卿所謂「台獨」、「港獨」的批判，也可看出這種流氓手段和語言。

一九四二年中共的整風學習運動是一場痞子運動，主要有以下表現：

一、毛澤東公然篡改黨史。

爲了證明毛澤東是所謂「正確路線」的代表，他在一九四〇年冬到一九四一年十二月，在胡喬木、王首道幫助下精心出版了中共秘密文件的集子，作爲學習資料，那就是著名的《六大以來》，文集蒐集了五百一十九篇重要文獻。毛在書中作了手腳：一種是刪除有礙毛形象的文字，例如在六屆六中全會上所做的《論新階段》的報告，被改爲《中國共產黨在民族戰爭中的地位》，大刪對「蔣委員長」吹捧的文字；以後就振振有詞的清算王明在《爲中共更加布爾塞維克化而鬥爭》中稱呼「蔣委員長」若干次而證明他的右傾投降主義路線。另一種是修改日期，如《中央蘇區第一次黨代表大會政治決議案》的形成期是一九三一年十一月被提前到三月，借以說明六屆四中全會的中央一開始就反毛，來掩蓋在十一月以前其實他們同毛一起聯手批判另外一個中央領導人項英。毛用這些手法，把輿論都掌握在自己手裡，一些領導人有的恐懼「紅色恐怖」，有的「顧全大局」，聽任毛爲所欲爲，並在意識形態上一統全黨。這種篡改歷史的做法一直延伸到今天。

二、完全不顧政治道德的「引蛇出洞」。

為了打擊政敵，在整風開始時，毛澤東也是好話說盡，以便達到「引蛇出洞」的目的。例如在一九四一年九月政治局擴大會議上，毛澤東說：「宗派主義現在也有。在延安，首長才吃得開，許多科學家、文學家都被人看不起。宗派主義是排擠非黨幹部的一種風氣，即排外主義。同時也排內。」接著《解放日報》發表多篇社論，批評孤立主義，要求發揚民主作風，虛懷若谷，傾聽各種不同意見。但是順著毛澤東的這個思路，丁玲發表了《三八節有感》，王實味發表了《野百合花》後，他們遭到了厄運，王實味因此還丟了腦袋。高華對此，從延安知識分子同毛澤東的關係做了詳細的分析，這也適用於中共建國以後。一九五七年反右時，一些省級幹部也劃為右派，大多是「白區」幹部，我曾經有過疑惑，現在才明白，除了涉及「山頭」外，在延安有過經歷的，對「引蛇出洞」有了免疫力了。

三，毛澤東的流氓語言。

毛澤東為了批判王明、博古、張聞天的留蘇派，在一九四二年所做的整風報告中不惜把他們罵爲「連豬都不如的蠢貨」，把書本知識貶得一文不値，用流氓語氣說：「書是不會走路的，也可以隨便把它打開或者關起。……這比大師傅煮飯容易得多，比他殺豬更容易。你要捉豬，豬會跑，殺它，它會叫，一本書擺在桌子上，既不會跑，又不會叫，隨你怎麼擺布都可以。」這些言論從延安出走的老革命都有披露。毛在講這些話時，台下還爆發笑聲，自然是那些「工農兵」在笑，毛澤東以此拉攏他們，其中不少就是屬於同類的流氓無產階級，知識分子怎麼笑得出口？但是這些痞子語言成了經典。因此同年三月九日延安《解放日報》一篇由胡喬木起草、毛澤東修改的〈教條和褲子〉社論中批判那些「紅色教授」，要他們「脫褲子」，因爲「問題發生在他們的貴體下」，還因爲褲子下「躲著一條尾巴，必須脫掉褲子才看得見」，而「各人尾巴粗細不等」，因此割尾巴所需「刀的大小不等，血的多少不等」。陳伯達也在《解放日報》的大批判文章中，將王實味稱之爲「王屎味」。這種粗俗、暴力、血腥的流氓腔文章就是中共中央機關報的社論和評論文章！

從上述毛澤東的權謀和流氓手段，看看現在中共黨內的權力鬥爭，特別是十六大江澤民爲留任而不擇手段，以及在國際交往中的嘴臉，那裡有什麼先進文化的「與時俱進」？如果說是「與時俱進」的話，恐怕就是更加隱蔽和狡猾而已。

（《開放》雜誌）

毛頌蔣之信隱瞞七十年

二〇一四年八月

今年第六期的《炎黃春秋》，有一篇〈毛澤東給蔣介石的一封信〉，記述一九三八年九月二十九日毛澤東給蔣介石的一封信，此信當時由周恩來親自從延安帶到武漢給蔣介石。上個世紀的五〇年代台灣公佈了部分內容，八〇年代公佈原函影印件。中國在一九八四年意識形態最活躍，出版《第二次國共合作》圖冊時，收錄了這封信，但是後來意識形態再度收緊，一九九三年出版權威的《毛澤東年譜》時，只簡略提及，學術界就完全沒有評論。

其中原因應該是信件一開始就說：「恩來諸同志回延安稱述先生之盛德，欽佩無餘。先生領導全民族進行空前偉大的民族革命戰爭，凡在國人無不崇仰。十五個月之抗戰，遇挫愈奮，再接再厲，雖頑寇尚未戢其凶鋒，然勝利之始基，業已奠定；前途之光明，希望無窮。」

當時中共正在召開六屆六中全會，毛澤東在信中說：「因武漢緊張，故欲恩來同志不待會議完畢，即行返漢，晉謁先生，商承一切，未盡之意，概托恩來面陳。」

毛選刪去毛三八年「投降主義」言論

這樣一封拍蔣介石馬屁，擺出拳拳之意的信件，怎能讓國人知曉，有損偉大領袖的形象？尤其毛澤東一再批判蔣介石「片面抗戰」，只有共產黨才是「全面抗戰」。所以即使在台灣公佈影印本後，中國當時的專家也不敢評論，也不知道該如何評論？毛澤東是說假話的僞君子，還是當時也與王明一樣犯「右傾投降主義路線」的錯誤？

這裡有必要提到當時召開的中共六屆六中全會。這個會議召開於一九三八年九月二十九日至十一月六日。《毛澤東選集》第二卷的「中國共產黨在民族戰爭中的地位」、「統一戰線中的獨立自主問題」與「戰爭和戰略問題」，都是毛澤東在會上作的報告。文章的註釋及其後所有的評論，都是說毛澤東在這個會議上批判了王明的投降主義路線。然而如果對照毛澤東給蔣介石的信件，毛澤東與王明又有什麼不同？

其實毛澤東在六屆六中全會的報告，當年叫做「論新階段」，只是一九四九年出版《毛澤東選集》時，爲了造神的需要，將報告割裂成幾篇發表，趁機動手術刪去了他的投降主義言論，而成完美的、一貫正確的「毛澤東思想」。

「論新階段」的原文中有一些在《毛選》中被刪去，例如：「全民族的第二個任務，在於號召全國，全體一致誠心誠意的擁護蔣委員長，擁護國民政府」；「沒有問題，統一戰線以國共兩黨爲基礎，而兩黨中又以國民黨爲主幹，我們承認這個事實。因此，我們是堅決擁護蔣委員長及其領導下之國民政府與國民黨的，並號召全國一致擁護。」「沒有問題，統一戰線中，獨立性不能超過統一性，而是服從統一性，統一戰線中的獨立性，只是也只能是相對的東西。不這樣做，就不算堅持統一戰線，就要破壞團結對敵的總方針。」「在目前，配合主力軍爲停止敵之進攻而戰，在將來，配合主力軍爲實行反攻而戰。」

毛在重慶高喊蔣委員長萬歲

一九五〇年代我在中國人民大學讀中共黨史系的時候，主要參考書是中國人民大學與中共中央黨校出版的兩套參考資料，並沒有「論新階段」這個講話。但是人大發給我們用馬糞紙訂成的A4大的鋼板刻蠟紙油印的參考資料，有這篇文章，但是因爲紙張印製非常低劣，所以我沒有興趣看，錯失當時分辨眞假毛澤東思想的機會。當然，當時也瞭解一些出版《毛澤東選集》時有的文章被動了手腳，但都是從善良的願望，認爲這是爲了有利於宣傳毛澤東思想的「革命需要」。也可見當時對共產黨的癡迷程度。

說到黨史的參考資料，後來中宣部也出版了一批黨史資料，也是A4大，沒有裝訂而散裝疊在三個牛皮紙袋裡，由於數量有限，無法每人買一套，所以我的班級只有黨員才能買，爲此當時我鬧了一下「情緒」，結果黨支部的組織委員（調幹生）把她的一套讓給我。裡面有一篇毛澤東關於開展獨立自主游擊戰爭的密電，與上述的「配合主力軍」作戰背道而馳。

這些資料在我離開中國時都不敢帶出，如今都失去蹤影。一九八〇年代初期，中宣部這三袋資料有出版成冊，它的公開出版讓我有些吃驚，難道中國眞的開放了？我是在灣仔一家與托派有關的一山書屋看到的，售價兩千港幣左右，超過我當時的月薪，我由於經濟拮据而沒有購買。後來一山書屋也結束營業了。

我在上黨史課時，老師數落王明的右傾錯誤時，包括他稱呼蔣介石是「蔣委員長」，甚至計算他的一篇講話中有多少個「蔣委員長」；然而抗戰勝利後毛澤東到重慶談判，也曾對蔣介石高呼「蔣委員長萬歲！」對王明的批判，還包括他的「一切經過統一戰線」，沒有堅持中共的領導權等。然而上述毛澤東的演講中，不也說「以國民黨為主幹」、「獨立性不能超過統一性」嗎？那不是說獨立性必須服從統一性？但是，我並不認為毛澤東犯了右傾錯誤。同樣擁護蔣委員長領導抗戰，王明是眞心的，或者三心兩意，毛澤東則完全是假意，旨在解除蔣介石的心防，並讓蔣介石在發放軍餉與武器彈藥時不會猶豫，從而擴張自己的實力。

「論新階段」淪為中共的統戰謊言

這種不擇手段的說謊，充斥在中華文化的各種陰謀詭計中，毛澤東是實踐的佼佼者，他領導的共產黨自然也是如此。因此，不論對香港的統戰，對台灣的統戰，即使是毛澤東死後進入「新的歷史時期」，也就是「新階段」的統戰，無論是鄧小平、江澤民、胡錦濤，還是當今的習近平，只要他們繼承毛澤東的衣缽，那麼他們的「論新階段」，無論是「肝膽相照」，還是「互相監督」，也都是充滿統戰謊言。

這種刪改或閹割歷史的手段，中共至今仍然一脈相承，所以不像西方國家三十年左右公開當年檔案，蘇聯解體後也公開當年檔案，爆出不少中共的賣國面目。但是就如這個「論新階段」，歷史已經過去七十六年，官方還是羞羞答答，要靠敢言的媒體或個人冒著政治風險來披露與評論，所幸世界進入網路時代，中共難以一手遮天了。

至於香港，基本法的出籠還是二十四年前的事情，開始實行也才是十七年前的事情，中共就以一紙白皮書來篡改，膽子可眞不小。其實就是一開始實行沒有幾年，就以「當初立基本法之原意」來釋法。這樣子的基本法，還有什麼公信力可言？所以現在乾脆以白皮書來代替基本法了。也難怪在英國人教養下的香港人與他們的子弟會如此憤怒，出來抗議。

蔣介石即使不相信中共那一套，也還是鬥不過毛澤東的權謀。如果香港的民主派還相信中共的承諾，如果台灣的馬英九也相信與中共簽署的協議，那麼香港人與台灣人的的命運將比蔣介石更加不堪。蔣介石還可以偏安台灣終老，香港人、台灣人躲到哪裡去？

（《開放》雜誌）

「地下黨」的悲劇

二〇一二年十月

這一年來「地下黨」成爲香港的熱門話題，乃因有「地下黨」特大嫌疑的梁振英終於成爲香港特首，因而也是香港「黨人治港」的開始。可是不幸這個頭起得並不好，污點斑斑的班子與急於爲黨立功的手段，都使梁振英聲譽大降，當然也影響到「偉光正」的形象。最近在北京出版的今年八月號《炎黃春秋》上，更看到迎接共軍入城的南京地下黨領導人的悲劇，也爲梁振英的命運擔憂也。

中共地下黨多以不幸告終

然而談到地下黨，香港的地下黨又不可與中共在白區的地下黨同日而語。因爲白區黨要冒生命危險，而香港的地下黨，港英當局一向「禮遇」，尤其在一九四九年以後，即使像曾昭科那樣混進警界高層，也不過驅逐出境。因此對他們無所謂「考驗」的問題，也就不必要求他們有何理念了。

談到地下黨的悲劇，人們首先想到的應該是潘漢年，這位中共地下黨的出色代表人物，「解放」後貴爲上海市副市長，一九五五年還是遭到被整肅的命運，文革結束後的一九七七年，來不及平反，就在萬分孤寂的勞改場中結束了他的生命。

另一位關露，則以自己的色相打入上海日僞陣營，獵取不少情報及從事策反工作，但是戰後被自己人當作「漢奸」，連周恩來也不敢爲她證明其清白。後來又被潘漢年案牽累坐牢。獲釋後到退休多病，一九八二年與潘漢年案同時平反，她卻服安眠藥終結她的一生。

《炎黃春秋》上看到的一篇是〈南京解放前後的陳修良〉，作者是中國社會科學院近代史研究所研究員唐寶林。原先我對陳修良並不熟悉，但是很早就知道她的丈夫沙文漢。因爲當年反右派時，沙文漢作爲浙江省省長被打爲右派很使我吃驚，因爲反右主要打擊黨外，後來才知道也擴大到黨內，像他這樣黨員高幹，當時是級別最高的。到對中共黨史開始眞正有所了解時，才明白這是「紅軍黨」、「根據地黨」與「白區黨」的鬥爭有關。毛澤東在文革期間以「叛徒」罪名整死劉少奇，與這個脈絡有關。而白區黨多知識分子，紅軍黨多農民與痞子，也關係到毛澤東與知識分子的鬥爭，毛長期棒喝周恩來，也與此有關。

清洗地下黨的十六字方針

劉周是白區黨中的兩派。周長期被劃到「王明」左傾機會主義路線，劉少奇則成爲正確路線的代表，有十六字方針爲證，那就是經過延安整風後確定下來的「隱蔽精幹，長期埋伏，積蓄力量，以待時機」。但是到了「解放」後，在毛澤東眼裡，劉周都是「白流」，都是他的清洗對象。

這種紅白的鬥爭本來以爲只是心照不宣的「機密」，但是原來這也有中央文件的另外「十六字方針」，那就是對付地下黨的方針：「降級安排，控制使用，就地消化，逐步淘汰」。地下黨鬥爭所冒的白色恐怖，不亞於槍林彈雨下的軍隊，最後卻遭到毛黨「消化」與「淘汰」的命運，難道不是悲劇嗎？尤其文革期間，地下黨被大規模衝擊，大批「叛徒」與「假黨員」被揪出來，相信也與這十六字方針有關。

根據唐寶林文章介紹，陳修良是沙文漢的妻子。一九四五年十月（國共在重慶簽署和平協定時），沙文漢是中共華中局城市工作部（白區工作）部長，派了妻子進入不久後成爲國民政府首都的南京市出任南京市工作部部長，原先陳修良一直在上海從事地下工作。一九四六年四月成立南京市委，陳是市委書記，也就是中共在南京的最高領導人。國共內戰期間，南京市的「愛國學生運動」很活躍，尤其作爲首都，是政治、軍事中心，陳修良獲得不少情報，尤其是有關三大戰役及後來渡江戰役的軍事情報。

問題就在南京「解放」後，陳修良所受到的待遇，裡面涉及到後來的一些中共重要領導人。南京市的軍管會中，作爲南京地下黨的最高領導人，陳修良只是十七個委員中的一名委員，也是地下黨的唯一一個委員；許多重要職務全給軍人佔據。

柯慶施羞辱地下黨鄧小平支持

後來成爲毛派之一的上海市委書記柯慶施（也是軍管會委員之一），因爲陳修良穿著一件有墊肩的外套，就當著許多戰士的面，拍著她的肩膀羞辱她說：「大家看看，這就是資產階級服裝。」

柯慶施還在一次市委的常委會上說：「過去地下黨同志有一個口號叫做『保管好工廠，將來就好當廠長』，那麼說，你保護了總統府，總統就是你當了？」陳修良當場駁斥，但是當時作爲「佔領軍」的第二野戰軍政委鄧小平相信柯慶施的話。

當時南京市還有許多對地下黨不利的流言蜚語，例如地下黨裡混進許多國民黨特務、反革命；半條心的地下黨包庇兩條心的國民黨；以及地下黨要與解放軍「平分秋色」等等。所以不久就開展對地下黨的「整頓」。華東局第一書記（作者未點名，應爲饒漱石）在演講中，就把根據地與解放區的黨叫做「大兒子」，地下黨叫做「小兒子」，從南京開始所有長江以南解放城市的領導班子，必須以前者爲主，後者必須擁護和服從。

由柯慶施主持的南京市委開展的整黨，查出地下黨「組織不純」的情況（數字從略，都是幾成的比例），並被嚴重處理，還在後來歷次政治運動中受到殘酷衝擊。但是一九七九年後，南京地下黨問題獲得平反，沒有一個是壞人，但是許多人已經死去。

文章還透露。毛澤東在得悉解放軍進南京城後像「闖王進京」，大行搶掠，甚至從「美國之音」中聽到部隊闖入美國大使館，引起美國政府抗議而怒不可遏，以後才約束軍紀。

陳修良一九五〇年六月從蘇聯參觀回來，發現副手整她的黑材料，而且柯慶施出任南京市委書記，她遂要求調到上海工作，但是她在上海，也一直只能出任副職，這就是所謂「控制使用」了。

香港台灣地下黨應吸取教訓

一九五五年華東局撤銷，沙文漢出任浙江省省長，陳修良是省委宣傳部副部長，但是同時發生潘漢年事件，省委書記（作者沒有點名，應爲江華）在省委幹部會議上說：「我們浙江也有第二個潘漢年，大家要提高警惕性」。這當然也是根據上級指示說的。接著動用公安進行監視與監視行動。當時毛澤東經常到杭州，省委故意不通知沙文漢去迎接，毛澤東問起，回答是「他身體不好，一般應酬不參加。」這導致毛澤東很生氣。一九五七年，他們夫婦自然都成爲右派。

沙文漢一九六四年病逝，陳修良則被勞動改造二十二年，一九九八年逝世。

其實何止紅軍黨與白區黨，即使中央紅軍到了陝北，也沒有感謝陝北黨的收容，不久陝北根據地創始人之一的劉志丹到前線莫名其妙被打死，到北京後，另一創始人高崗被迫自殺，其後習仲勳、閻紅彥也相繼被整肅。可見中共的權力鬥爭只是利益而無「理念」可言。

國共內戰時期白區地下黨對共軍的迎接，等於為自己挖掘墳墓。這種情況類似台灣人在戰後迎接「祖國」的國軍一樣，帶來了二二八屠殺。這些教訓，現時香港與台灣的地下黨都不會吸取。所以才有梁振英與馬英九這種人出現，他們未來命運如何，即使不會身首異處，恐怕也只是暫時被利用的工具而已。至於在史冊上，不必蓋棺也可以論定了。

（《動向》雜誌）

走進毛澤東時代

二〇〇六年十一月

毛澤東時代已經過去了三十年。但是回想到那個年代，就像做了一場惡夢，也不知道自己居然走過來了。但是如果再經歷一次，肯定走不過來了，也許就像那八千萬同胞一樣，在毛澤東的魔影下埋葬了自己的一切。因爲這樣，每當想起已經受難的同胞，也擔心其他人可能重蹈覆轍，所以還不時要把這個時代的經歷說出來。

一、海外的毛澤東時代

第一次看到「毛澤東」這個名詞，還是在印尼梭羅讀小學五年級的時候。當時是一九四七到一九四八年間，二戰結束，荷蘭人回到印尼，印尼人正開展獨立戰爭。我們華僑公學（小學與初中部，家父是校長，家母是老師）一位青年教師私下借給我看美國記者斯諾所寫的「西行漫記」。我不但知道了毛澤東這個「好人」，還知道共產黨是代表正義的「窮人黨」。小學畢業時這位黃老師在我的紀念冊上勉勵我要做「小魯迅」；而他則在一九四九年回北京，擔任中央人民廣播電台的印尼語播音員。這是中共統戰我的開始。

這個時候，中國正發生慘烈的內戰，到一九四九，梭羅可以看到華文的「進步」報紙，我每天追蹤共軍的捷報，精神亢奮，思緒翻騰。父母決定遷居到首都雅加達（當時叫「巴達維亞」），準備隨時回國，不再在印尼寄人籬下。此時，毛澤東成了我敬仰的政治領袖；社會主義中國成了我嚮往的目標。

在雅加達，我入讀新華學校讀初中。後來知道校長楊新容是中共黨員，加上後來回憶起一些老師的情況，因此相信該校應有中共的黨組織。讀初二時，適逢韓戰爆發，班級訂立愛國公約，印象最深的就是抵制美國電影，拒看「反動」報紙。本來資訊已經偏重一方，這下更是「一言堂」了。奇怪的是，在印尼那個國家，這種公約對我們也有約束力而不敢違反。從此接受的就是來自共產黨的資訊。

即令開始對南韓發動戰爭還有點懷疑，但報章上一面倒的訊息，在印尼舉辦的抗美援朝展覽，以及中國迅速出版有關抗美援朝的文藝作品，因此最後我都相信韓戰是美國發動的。一直到文革後期看到內部出版的「赫魯雪夫回憶錄」，提到北韓發動韓戰，才知道自己被騙了二十多年。

那時，雅加達開了一家南星書局，專賣中國出版的書籍，我大部分的零用錢就用在那裡。那個時候，我會唱許多革命歌曲，助長革命熱情，加上強烈的民族主義，比在中國還中國。高中入讀巴城中學，也是中共控制的學校，中共黨員比新華還多。

二、二十一年的資訊封鎖

我在中國生活二十一年，整整就被封鎖資訊二十一年。

一九五五年回到了中國，自然只能靠官方喉舌獲取資訊。唯一「例外」的，在廣州參加高考後到上海姨夫家裡時，因爲他是一級教授與「民主人士」，家裡有《參考消息》，比他人可以獲得多一些的外電資訊。當然，即使外電，哪些可以給他們知道，哪些不可以，也由黨來決定。一九五六年十月發生「匈牙利事件」時，我就讀的中國人民大學，油印了一些外電資訊給我們看，使我們了解多一些事件的有關情況。由美國左派記者安娜．路易斯．斯特朗（Anna Louise Strong）所寫的《史達林時代》在內部出版後，也允許我們購買，使我們對史達林時代的恐怖有初步認識。之所以讓我們享有資訊方面的小小特權，想來是因爲我們是政治理論課專業，需要比一般的「愚民」多了解一些情況；何況能入讀這些專業的，「政治覺悟」應該比較高，這點「抵抗力」還是應該有的，而校方也給我們做消毒工作。例如了解蘇聯紅軍進入布達佩斯鎮壓民眾時，要我們站穩無產階級立場，因爲世界上沒有所謂「客觀立場」，不是無產階級，就是資產階級；出兵讓匈牙利留在社會主義陣營，還是聽任匈牙利變成資本主義國家呢？當然要選擇前者才對革命事業有利，這就是無產階級立場。這種「立場論」最後演變成爲了實現共產主義目標可以不擇手段。

大躍進與人民公社化運動，糧食放衛星的謊言與造成數千萬人的死亡，我們也被蒙在鼓裡，還積極參與「反右傾」，甚至文革打倒劉少奇修正主義路線。一九七六年到香港後，才知道大饑荒死了許多許多人。這是除韓戰以外，我所感受被欺騙的另一個重大事件。

其實，就是我所學習的中共黨史專業，好多眞實史料不讓我們知道。學校提供「內部出版」的參考資料經過選擇，且不說被歪曲的史料，包括有的人名用ＸＸ代替，有些資料須黨員才能看，或一定級別的幹部才能看。文革爆出許多中共內幕，才知道過去所學是許多假東西。例如以前所看到的ＸＸ，原來就是後來的黨國領導人，以前也是反毛的，例如周恩來、陳毅等。

也是在文革後期，因爲家母帶了有短波頻道的半導體收音機給我，我瞞著家人收聽「敵台」，以了解更多資訊，一九七六年四五天安門事件就是從「敵台」那裡首先知道的。

正因爲資訊的封鎖，所以小道消息流行，眞假難辨。特別是文革後期，因爲對批鬥已習以爲常，大家膽子也就比較大，便相互交流大家聽來的小道消息，或看到內部出版書籍的一些內容。由於當時黨內鬥爭相當激烈，小道消息更是滿天飛，我們一些可靠的朋友會聚在一起討論分析。包括後來傳抄一些周恩來假遺囑，我被人家「揭發」，所幸因爲「戰友」保護，沒有釀成大事。有關江青有許多「面首」（姘頭）的消息也到處流傳，那是「老幹部」收拾江青前，先把她抹黑的輿論準備。一直到十幾年前毛澤東御醫李志綏的回憶錄出版，我才清楚根本沒有那些事。

三、嚴密的政治組織控制

一九五五年回國剛進入深圳，便要塡一堆表格。除了寫自傳，主要是履歷、家庭成員、社會關係等等。那時還搞不大清楚什麼叫「社會關係」，原來是指親友。一般說，關係密切才要寫，但是如果關係不密切，但是可能那人的身分比較重要，或者思想特別「進步」或「反動」，爲了讓「組織」更了解自己，也就寫上。這些表格裡最難塡的是要把家人與親友的「表現」寫上，例如思想是進步還是反動；問題是人的思想不是這樣簡單的兩分法，所以還要想出一些其他的辭彙，如「開明」或「落後」。特別是要給自己的父母親寫表現時最難辦了：寫得太差，對自己不利，也違背人性；寫得太好，萬一組織發現不完全是那樣，又擔不了「欺騙組織」的罪名。

寫自傳考慮是否留底，手抄兩分太辛苦，用複寫紙又會被發現自己留存底，難道編造了什麼害怕忘記嗎？還好當時我才十七歲，經歷簡單，讀書讀過來的，也沒有什麼要隱瞞的，所以就不留底了。而在履歷的每個階段，還要列出兩個證明人，以便組織可以查證。當然要找黨團員或「進步人士」做自己的證明人，這樣組織可以相信，我有這樣的證明人，也「與有榮焉」。

這些自傳、表格裝入檔案袋成爲每個人的檔案。每到一個新單位，都要重寫重填一次；加上每次政治運動以後，都要寫自己的「思想小結」，還有組織的「鑒定」，也就是組織對我們的評價（我們當然不知道內容），所以檔案越來越厚。如果還有人給單位寫過檢舉揭發信件，不論問題查清了沒有，也放進檔案裡面。這些檔案資料一生一世跟我們跑，甚至跑得比我們快。到一個新單位，人還沒有到，檔案先到，我們一報到，領導已經看過檔案，知道來人是什麼貨色。

我在大學教政治課時，因爲不是黨員，而且有專職的政治輔導員，所以不能看學生的這些檔案。但是後來被踢到接近高中程度的半工半讀學校後，那裡的政治輔導員不一定是黨員，所以班級裡調皮學生的檔案也讓我看，以便可以更好的「教育」他們。從中我們可以了解學生的家庭情況，例如家長是一貫道成員的都記錄在案。

文革期間，領導要整什麼人，拋出檔案裡的一些材料就可以了。問題是有的材料連當事人都不知道，是有人檢舉的。有的人表面上很風光，材料被拋出後才知道自己是被「內控」的。文革後期與結束進行「平反」時，多以「事出有因，查無實據」作爲結論來搪塞。中共爲表示誠意來撫平被害人的憤怒與怨氣，有的就把檔案裡的「黑材料」當眾燒燬。文革當中有大字報說我是「漏網右派」，因爲我在反右時被批判過。也有其他單位「專案人員」來找我調查以前同學的情況，因爲我是他們某個階段的「證明人」；如果有私心或偏見而落井下石，那就害人了。

若干年前，看了南京大學歷史系教授高華所寫的《紅太陽是怎樣升起的——延安整風運動始末》，才知道這一套控制與整人的制度是四〇年代在延安成形的。當時的「搶救運動」就已經冤枉了許多嚮往延安而投身中共的青年。延安的紅色恐怖，是反右、文革紅色恐怖的先聲。最近看張戎的《毛澤東——鮮爲人知的故事》，又知道這一套是二〇年代末期在江西蘇區就開始的，是周恩來從蘇聯搬來的，獲毛澤東激賞。

四、依附於政治的經濟民生

一九五五年剛回國時，對比較艱苦的經濟生活還沒有特別的感受。因爲在大城市裡，上飯館吃飯還不必交糧票，副食品也還比較豐富。再就是自己身體裡的「油水」還有存底。

但是因爲在印尼還可以聽見一些負面新聞，加上回國應付高考學習政治課時老師批判「統購統銷搞糟了」的反動言論，其中涉及糧食定量問題，所以也引發我的一些好奇。一九五六年暑假家母回國觀光，我們一起到廈門我父親的老家，祖父是醫生，但是叔父與姑母是農民，而且是貧農。我就詢問叔父這件事情，他說糧食的確不夠吃。當時我很吃驚，怎麼爲人民服務的共產黨不讓農民吃飽呢？何況他們還是響噹噹的貧農。

當時因爲到各處都要攜帶「糧票」而頗爲不便，全國各地有不同的糧票，在自己的戶口所在地向糧管所領取。要出外旅行就要單位證明到糧管所換取全國糧票，否則寸步難行。那時「反特」小說、電影流行，我才體會到爲何國民黨特務不論空降還是登陸，不久就被抓獲。

一九五七年春天，中共號召「大鳴大放」，要我們幫助黨整風。爲了響應黨的號召，絞盡腦汁想提什麼問題好呢？看到社會上有人說農民生活苦，吃不飽，我就在班級政治學習時，也把我聽到的情況說了。結果後來

現在在美國的表弟找到一張當年我在北京讀大學時的照片，坐在前排最左邊第一個是我。地點在北京市遠郊的順義縣張各莊。1959年深秋到冬天在那裡「整社」。那是中共老根據地，有當年打地道戰的地道，已經封口。荒涼情況也可見。那些在那個時代共患難的老同學如今安在？全部失去聯繫。這是我找到唯一一張在北京讀書時的照片。順義這段日子我在回憶錄裡有兩千多字的敘述，還攀附峭壁體驗當地民衆打游擊的經歷。（由作者提供）

成了「右派言論」。

在大學讀書期間，常常下鄉勞動，特別是五八年大躍進期間在鄉下待半年，糧食定量都有提高。那時才感受到從事體力勞動與油水不足對糧食的需求。但是眞正感受到糧食不足，是六〇年畢業分配到上海後，糧油副食品供應突然減少，平時食堂裡吃飯，不敢超過定量標準，怕無以爲繼，只能在飯後拼命喝醬油湯來撐飽肚子。所幸家裡匯款可以有糧票、油票、肉票、糖票的優待，還有姨夫家庭因爲是高級知識分子的優待，所以情況較其他人好，所以有時也把自己的東西與同事「共產」。

當時上館子要付糧票了，吃完東西離座時，門口的乞丐衝進來舔碗底。那時還萬萬想不到農村餓死人，因爲爲人民服務的共產黨，怎麼可能讓人民餓死？當時還聽說這些安徽來的乞丐要出來行乞還不容易，因爲須公社開介紹信。所以還認爲只是家裡特別窮的農民，才准許他們出來行乞，一般農民即使糧食缺乏，也還可以捱得過去。同事中有出身安徽北部農村的，那時餓死許多人，但是他們完全沒有提起這件事情。想來是怕我知道後會「裡通外國」造成惡劣影響。唯一知道情況不太妙的是一位在南京大學任教的同學，他是出身浙東山區的貧農，人品非常好，整風時也因爲說農民生活苦而被批判。他私下告訴我，他的妹妹因爲沒有飯吃而賣身一樣嫁出去。鑒於反右的教訓，我十分同情而無言以對。文革後期，一位親戚告訴我在四川看到農民在街邊出售自己的孩子，才使我重新審視中共的農村政策。

戶口制度也把人掐死。憲法規定的遷徙自由完全是謊話。不但小城市不能遷到大城市，農村戶口更不能遷到城鎮。要合法離開農村，只有考上大學或參軍，畢業或復員後才會分配在城市。

實際上，就從我們自己大學畢業分配來講，也該充份看到，即使在城市，一樣是人身依附的制度。不要說高等院校統一考試，如果考取，但是並非自己的志願，也非去報到不可，否則「不服從分配」這個污點就可能失業一輩子。畢業時，也一定要服從分配，否則也可能失業一輩子。這都意味著不會有任何經濟收入，因爲經濟領域不是「全民所有制」，就是「集體所有制」，黨和國家控制了任何一個角落，包括居住所在地的「街道」。但是畢業分配會做得「好看」，先由幾位黨員或「積極分子」用紅紙貼出大字報表示願意服從分配、到最艱苦地方的決心書，然後其他人響應，因爲不響應會被視爲落後分子，可能就分配到最艱苦地區作爲懲罰。到了人人都寫了決心書後，任組織如何分配，誰都沒有話說了。

而到了工作單位後，只能努力搞好與領導的關係，否則受到打擊報復，咎由自取。

六〇年代初，因爲大饑荒，共產黨對人民的管制稍微鬆懈，讓「牢騷」有地方發泄。我在政治學習時講話也比較隨便；工作上比較「白專」，因此政策收緊，又開始講「階級鬥爭」，加上與上級領導相處不好，我就被踢出華東師範大學，連降兩級到一個培養技術工人的半工半讀學校。當然調工作時講那裡如何需要我，我也知道不能硬抗，只能「服從分配」。這次因禍得福，因爲兩年後爆發文革，我在新單位比較謹慎，沒有什麼把柄。若在華師大，肯定被當權派拋出充當替死鬼，人生恐怕得走不知生死的另一條道路了。

毛澤東在文革「停課鬧革命」並且利用完紅衛兵以後，就讓他們上山下鄉，接受貧下中農「再教育」，美其名曰農村是廣闊的天地，到農村「修理地球」，也用這些手段騙學生。看到這些學生表決心，戴紅花，把自己的戶口遷到自己從來沒有去過的邊疆、鄉下，我只能祝福他們。有的同學拒絕去而採用各種軟磨硬頂的辦法，最多的是弄殘疾證明。以前我認爲這些不服從分配的學生是落後學生，但是現在我同情他們。學校在開始分派工作時，我向當時駐校工宣隊表示，叫我下鄉我也想不通，因此無法對同學進行「政治思想工作」，因而自行要求到車間裡勞動，接受工人階級「再教育」。我這講法不是沒有風險，但是那個年紀較大的工宣隊負責人居然同意我的要求，從此我當了八年的工人，也就不必去做昧著自己良知的事情。也許工宣隊自己也有子女上山下鄉才能理解我的想法。這些下鄉「知識青年」以後爲了上調，爭取比較好的工作與生活環境，開展了劇烈的競爭與抗爭。中國社會人與人之間的關係益加緊張複雜。

五、恐怖的政治運動

對政治運動的認識與體會，除了在印尼時的「抗美援朝」以外，對土地改革與知識分子思想改造運動也略有所聞。祖父是西醫，據說爲人和善，但是土改時也受衝擊。原因是他有一些地，僱了一個長工。據說那個長工偷過東西被訓斥，運動一來就出來鬥爭了。當時我認爲共產黨非常英明，不會冤枉好人，他一定有其他原因被鬥。即使有問題，也是底下幹部糊塗。祖父最後被管制三年。

父母親是燕京大學畢業，意識形態親美，也信基督教，在學期間與司徒雷登教務長關係很好。中共「解放」全國時，司徒雷登擔任美國駐華大使，成爲中共的批判對象，加上開展的知識分子思想改造運動，肅清親美、崇美、恐美思想，海外的燕大校友都在傳遞這些訊息，也非常關心司徒雷登在美國情況。他們對中共的做法自然不以爲然。而我卻是反美的，對父母讚揚司徒雷登的話將信將疑，也許美帝國主義分子中也有個別好人吧？

然而上述事件影響父母原先打算回國的計畫。但是共產黨對我的教育，青年人的熱血，使我勇往直前。

一九五五年夏天回到中國時，正好碰上批判胡風與肅反運動。胡風涉及文藝理論，我比較關心；肅反則與我無關。五六年初農業、手工業、資本主義工商業三大改造完成，與我好像也沒有多大關係。有人自殺也當作畏罪自殺。然而考上大學不到一年遇上整風反右，是我直接參與政治運動的第一次。雖然在「幫助」（其實是批判鬥爭）下確認自己有立場問題，需要「脫胎換骨」改造，但是也開始有對政治運動的恐懼感。

中共對敵鬥爭政策有「坦白從寬，抗拒從嚴，反戈一擊有功」一條。自己在被批判時，就像階級敵人那樣坦白交代，爭取從寬處理。因爲我很坦白，老實交代家庭對我的影響，所以最後組織處理時「免予處分」，但已經一身冷汗。然而我的坦白，也沒有胡亂走上「反戈一擊有功」的道路，爲了立功而亂咬人。也許這就是我沒有從「資產階級立場」「脫胎換骨」的結果，否則人性早就毀滅。就如西方音樂被中共打成「黃色音樂」時，我心中一直不服，也沒有減輕我對它們的熱愛，而且直認這一輩子是改造不好了。有一次收聽「敵台」時，聽到莫斯科電台的古典音樂節目，還非常興奮。

文革期間，因爲新到一個單位不久，「反動言論」不多，還沒有淪爲「階級敵人」，但是當時住在丈人家裡，因爲是「反動學術權威」受到嚴重衝擊，自己也被抄了兩次家，生活在恐懼中，不知道紅衛兵什麼時候會衝進來。也因爲自己華僑身分，擔心什麼時候在單位裡也會被莫名其妙的「揪」出來，特別是每次階級鬥爭大會，揚言會場裡就有階級敵人還沒有揪出來時，心裡就蹦蹦亂跳。

像我教政治課，不可能不關心政治，也參與活動。所以工廠兩派「大聯合」，要揪出破壞聯合的「黑手」時，我雖然並非任何團體的頭頭，也要參加「毛澤東思想學習班」一個月，形同軟禁，相互揭發。還好我平安過關。還有同事大字報揭發我在回國時，在輪船上對美國記者發表不可告人的演說，於是工廠的革命委員會再辦毛澤東思想學習班，要那些有問題的人交代問題。本來發表演說大家聽到，怎麼會「不可告人」？但我還是把以前在自傳裡早就交代的我所見到的「問題人物」，包括在新加坡擔任警察局長的舅公上船來看我都重說一遍。後來最後搞清楚，此記者乃是家父採訪亞非會議時認識的香港大公報記者，正好也上船採訪我們回國的新聞，他幫我們拍了照片。誰知道共產黨記者會變成美國記者？還好當時文革已經進入落實政策階段，如果是初期，可能把我先打入牛棚當特務鬥爭再說。

一九七一年林彪折戟沉沙一段時間後，各單位才向下傳達。我一個朋友在大單位工作，比我們單位早傳達，也告訴我了。第二天我上班時與一位關係不錯的工人師傅說起。沒有想到他再傳出去，被工宣隊負責人知道了，爲什麼我會比他們早知道呢？誰向我泄露黨的機密呢？爲此差點兒把我「隔離審查」（猶如現在的「雙規」，但是沒有時間的限制）。嚇得我冒出冷汗。

林彪事件以後，對共產黨與毛澤東產生越來越多的懷疑。但是七二年美國總統尼克森訪問中國以後，家母兩次到上海問我是否要離開中國，我還缺乏勇氣，因爲當時出去的華僑還很少，萬一申請而不批准，「企圖叛國」的帽子就會永遠戴上；而且離開自由世界近二十年，出去了是否適應還有問題。尤其是林彪死後，對中共又產生幻想，希望他們能夠改弦更張，結束極左路線。哪裡知道不久又開展批林批孔運動，高唱「無產階級文化大革命就是好」！政治運動無休無止，生活在恐懼中，還是闖出去尋找出路。

一九七六年夏天批准我出境，公安局給我出境證的時候還警告我出去後不可以亂講話，我說什麼他們都會知道。華僑圈子裡也有許多流言，例如音樂家馬思聰逃出去後因爲發表反共演說，當場被人擊斃；有華僑一踏進香港，在移民局問話時大罵共產黨，一到居住地方，就有人打電話來警告等等。因此我進入香港時，是工人身份，隱瞞大學畢業的學歷，人民入境事務處就沒有問太多的話，除問唐山大地震情況，就是工廠的產品與產量。然而即使我一到香港，給報章寫稿，稿費還是朋友代我去拿，避免身份曝光，並且很多年不敢回去。這叫做「心有餘悸」。

在文革中坐牢多年的中國旅美經濟學家楊小凱，十幾年前應邀到香港大學擔任訪問教授時對我說，剛到的時候，因爲香港距離中國太近，晚上他做了惡夢。我是在三年前讀高華那本《紅太陽是怎樣升起》，看到延安整風的恐怖情況，讓我又回想到文革，身在美國也做起文革惡夢。如今中共還不許國人討論文革，討論毛澤東，無非就是掩飾他們的罪行。然而張戎與她的夫婿喬·哈利戴所寫的《毛澤東——鮮爲人知的故事》，更具體、更廣泛的揭露了毛澤東與共產黨的罪行。只要中共不清算這些罪行，他們的甜言蜜語就不可相信，因爲表明他們沒有誠意。沒有經歷過文革的台灣民眾，更應該從中共的歷史中，認清中共的本質。正如六十一年前毛澤東評價國民黨那樣：「看它的過去，就可以知道它的現在；看它的過去和現在，就可以知道它的將來。」對共產黨，不更應該這樣看嗎？

（台灣《當代》雜誌）

被中共歪曲了的朝鮮戰爭

二〇〇三年八月四日

今年七月二十七日是朝鮮停戰五十周年。中國非常低調，沒有任何紀念活動，北朝鮮的金家王朝則仍然發出戰爭叫囂。美國人把這場戰爭叫做被遺忘的戰爭，今年因為北朝鮮這個流氓國家太過猖狂，所以美國也有若干紀念活動。

實際上這是一場不可遺忘的戰爭，因爲以美國爲首的聯合國出兵阻止了共產國家的侵略和擴張，捍衛了自由世界的安全。雖然美國也有對他們來說是比較大的傷亡，但是他們捍衛自由世界的功績將永載史冊。

五十年前，我還在印尼讀中學。停戰協議簽署後，我們立刻就學唱瞿希賢爲停戰所譜的歌曲，哪一位作詞我已經忘記了。猶記得第一句是：「歌唱吧，同志們，歌唱吧親愛的同志們，我們爲和平歌唱，我們爲勝利歌唱……」當然，除了這首歌，我們當年在

「愛國學校」還會唱「雄糾糾，氣昂昂，跨過鴨綠江」的《中國人民志願軍戰歌》；另一首流行的是「中朝人民力量大，打垮了美國兵啊」的《全世界人民團結緊》。

當年我完全相信中共喉舌對朝鮮戰爭所報導的一切，特別是這場戰爭是美國支持下的李承晚集團發動的侵略戰爭，因爲後來成爲美國國務卿的杜勒斯曾經到三八線視察而被中共一口咬定是美國發動的戰爭，目的是要侵略中國，因此中國派遣志願軍出國「抗美援朝」是正義的行動，以民族主義激發我們的同仇敵愾。雖然北朝鮮軍隊勢如破竹打到南朝鮮東南角的釜山也曾使我懷疑是北朝鮮先打的，但是鋪天蓋地的宣傳和學校當局立刻要我們簽訂「愛國公約」，禁止我們看「反動報紙」，以及出自我們對共產黨的信任，這些疑惑很快就消除了。此後看到的資訊，都是志願軍打勝仗的消息，在我腦海裡，美軍和南朝鮮「僞軍」傷亡慘重；連交換戰俘我也認爲美李戰俘比志願軍多，因爲中國人民志願軍戰無不勝。

文革以後，連續的謊言使我對中共產生越來越多的懷疑，包括對朝鮮戰爭的說法，特別看了內部發行的《赫魯雪夫回憶錄》以後，連他也說是北朝鮮先發動的戰爭，這個被中共謊言欺騙了二十多年的我，更加強了同中共決裂的決心，也是我決心在離開中國大陸以後要從事寫作、揭穿謊言的重要因素之一。

八〇年代初，我在印尼中學時代的地下黨員老師從中國到哈佛大學做訪問學者，回國經過香港時，特別對我說，他翻查了許多資料，證明這場戰爭是北朝鮮先發動的。因此多少年來，我都不願意唱電影《上甘嶺》的主題曲「我的祖國」，這個表面抒情的歌曲，其實很有政治意識，其中的「若是那豺狼來了，迎接他的有獵槍」，這個「豺狼」指的就是美國，然而這首歌也在美國的中國人圈子裡流行，眞是莫名其妙。

此後我就一直注意中共什麼時候才會承認這個謊言，只要不承認的一天，就別認爲它會「立地成佛」，就是承認了，也可能這裡承認，那裡又在繼續說謊。一九九五年和一九九八年中國社會科學院研究員沈志華先後出版《朝鮮戰爭揭秘》和《毛澤東、史達林與韓戰》，才有中國學者說出了一些眞相，但因爲是說出了眞相，所以不能在中國而只能在香港出版。而在說出眞相的時候，也還爲中共的被迫參戰說好話。因爲他生活在極權統治下，能做到這一步已經很不錯了。

中國用幾十萬條人命、數百億美元，幾十年下來就是豢養了流氓成性的金家王朝，不但推行國家恐怖主義，還走私、販毒、印假美鈔等無惡不作，窮兵黷武導致國內大饑荒餓死好幾百萬人。這也是中國的恥辱，中國對不起朝鮮民族，也對不起整個世界。

我移居紐約後，在長島的亨廷頓鎭的路邊偶然發現一個朝鮮戰爭紀念碑，此後就多次帶朋友去憑弔，憑弔爲捍衛人類自由而犧牲自己生命的美國軍人，也爲自己當年嘲笑他們是「少爺兵」，甚至把他們視爲要消滅的敵人而自責。碑上詳細刻著美軍的死亡人數三萬四千兩百四十六人，受傷人數十萬零三千兩百八十四人，失蹤人數八千三百七十七人。美國政府爲每一個生命負責，至今還在尋找失蹤者的遺骸。

中國人民志願軍死傷人數是美國的好幾倍，俘虜人數也是好幾倍，到底多少，是國家機密，也可能中共自己也搞不清楚，因爲人海戰術本身就說明人命不值錢。中國戰俘大部分選擇去了台灣，因爲他們大部分都是國共內戰中被解放軍俘虜的國民黨兵。朝鮮戰爭一爆發，首先把他們派到前線去送死。到台灣的俘虜有些後來成了台商衣錦還鄉；但是回到中國的，因爲沒有在被活捉以前殺身成仁而被當作叛徒受到迫害，永遠抬不起頭。

雖然在美國這是一場被遺忘的戰爭，我卻永遠不會遺忘這場在中國被歪曲的戰爭，它影響了我的前半生，也影響了我的後半生。如今，在我住地附近的法拉盛凱辛娜公園也將豎起朝鮮戰爭的紀念碑，讓我有更多的機會去憑弔這些爲自由而獻身的戰士，並且時時提醒我謊言的可惡以及揭穿謊言的重任。

（自由亞洲電台）

畸形性關係的間諜醜聞

一九八六年六月

繼美國金無怠案的間諜醜聞後，最近法國又密訊一宗與中共有關係的間諜案。金無怠案雖然已頗有引人入勝的情節，但從「奇情」來看，就遠不及在巴黎審訊的這宗間諜案了。

這宗案子涉及到的法國人是前法國駐北京外交官員布西科，涉及到的中國人是時佩璞，時佩璞原爲北京京劇院的名伶。在五月七日的中國外交部新聞發佈會上，發言人馬毓眞對時佩璞被判刑表示震驚，並認爲時佩璞被指控的罪名是毫無根據的。思考一下這個充滿奇情懸疑的間諜案，可以使我們明白一些深刻而又有趣的問題。

布西科現年四十一歲，時佩璞則爲四十七歲，即使時佩璞是女人，女大男六歲已是一個不尋常的「男女關係」。而後來驗身證明時佩璞是個男人，說明他們的關係還是同性戀。如果按照布西科審訊時所招供的，他一直不知道時佩璞是個男人的話，也可能時佩璞是個「陰陽人」，但這個陰陽人卻是可以「收放自如」，因而不但長期隱瞞布西科，甚至可以冒稱有了一個兒子。無論如何說，這兩人的關係是畸形的男女關係。

同金無怠案一樣，中國政府都否認他們是中國的間諜。但時佩璞的事情，中國政府更難於否認。

第一，中國的戶口管理很嚴格，時佩璞是男是女，北京當局應很清楚。時佩璞以女性身份在北京和布西科（按：六〇年代任法國駐北京外交官）周旋，當局不可能不知道。當時中國未受外界污染，男人沒有留長髮的，因此不可能出現外形上男女不分的情況。時佩璞不可能在北京以男和女兩種身份出現而不被當局發覺。

第二，任何和外國人接觸的中國公民，北京當局都十分清楚，不可能搞到兩人多次發生了性關係當局還不知道。特別是六九年以後是文革期間，如果時佩璞沒有負有「特別任務」，兩人根本不可能來往，遑論還有性關係。

第三，也由於嚴密的戶口制度，如果得不到高層的同意和支持，時佩璞根本不可能從遙遠的新疆領養一個兒子來（按：當時布西科調到法國駐蒙古大使館，以後布西科才知道他們居然「生」了一個孩子），在領養時，時佩璞是作爲爸爸，還是媽媽？戶口簿上如何填寫？這裡當然還有一個問題，時佩璞領養一個兒子做什麼？是否作爲對布西科勒索的工具，迫使他提供情報？

馬毓眞說時佩璞是八二年十月應法國政府邀請去法國講學的，但法國政府於八三年七月將他逮捕時，中國爲何不提出抗議？顯然當時爲了避免把事情鬧大，所以隱忍不發。而最妙的是法國政府爲何當時並未好好審訊就釋放了時佩璞，而時佩璞被釋放後爲何又不回到中國，而繼續留在法國？

要了解這些的眞相並不容易，但是估計此事當時在中國政府和法國政府中有一個枱底交易，或者是默契。當時法國政府正在極力營救因爲和法國外交部官員白天祥同居而被北京政府逮捕並送勞動教養的星星派畫家李爽。在時佩璞被捕後不久，李爽被提前釋放，而且准許她到法國和白天祥相聚。這是北京政府突然特別開放，還是和時佩璞的交換條件有關？

不久，另一個因和法國在北京的留學生班泰年戀愛而被捕的中央戲劇學院學生張諄，因爲問題被林希翎捅出來，北京當局也趕緊把張諄放出來，到巴黎和班泰年相聚。相信這也有賴於法國政府掌握了時佩璞充當間諜的罪證，迫使北京當局對張諄也實行「寬大」政策。因爲有了這種「交換」，才使時佩璞安安心心在法國住下去？

也許法國是個講法治的國家，不允許有這種交易，也許政府的更迭取消了這種交易，或者還有其他什麼原因，使法國當局重審這宗間諜案，使醜聞得以再度傳播。由於法國政府的「失信」，才使北京政府感到如馬毓眞所說的「震驚」。

不過從中也可看出，國際間諜戰中所使用的手段是無所不用其極的。就算中國講究道德傳統，對同性戀採取否定態度，但一旦爲了「革命的需要」，以畸形的兩性關係來換取情報也是不怕人指責的。

六四年法國承認北京政權，在中國外交上是一種突破，促使西方國家不顧美國的反對，紛紛承認北京政府。但即使法國政府有此「功勞」，北京當局亦不會放法國一馬，而是同樣派間諜獵取情報。

不知道還會不會有輿論讚揚時佩璞這種「自我犧牲」的愛國精神？

（《爭鳴》月刊）

我在文革期間的醒悟

一九九六年五月

我在大學讀的專業是「中共黨史」，但是眞正對中共黨史有些認識，還是文革期間，這大概就是所謂「在實踐中學習」了。從這點來說，文革對我說是有積極意義的，或者說是「壞事變爲好事」。

林彪事件後認定毛是奸雄

雖然是學黨史專業，但是眞正的機密文件我們還是無法接觸到的，因爲是「勝者爲王，敗者爲寇」。中共黨史已按「毛主席革命路線」來編寫，隱惡揚善，讀得越多，中毒越深。因此在毛澤東發動文革之後，自己自然而然「緊跟毛主席幹革命」，一直到以後經過好多事實的教育才走上「和平演變」道路。

文革初期的狂熱，紅衛兵的過激行動，包括親人被鬥、家裡被抄，幾乎掃地出門，自己都用「正確對待群眾運動」、「分清主流支流」等來要求自己。而眞正開始出現比較大的疑問，是一九六七年一月二十七日上海紅衛兵大專院校革命委員（紅革會）炮打張春橋時，被作爲是炮打「無產階級司令部」的「反革命事件」。原來他們號召人們造反，卻不許造他們的反。那不是對別人馬列主義，對自己自由主義嗎？雖然當時我認爲毛澤東可能受蒙蔽，但對文化大革命的純理想主義認識已經動搖。

一九七一年九月十三日林彪出走墜機身亡以後，對中共和毛澤東的「英明偉大」更加不相信了。特別是「批林」過程中公佈的《「五七一工程」紀要》和毛澤東在一九六六年七月八日給江青的信，更使我對毛澤東有了好多看法，根本不是什麼「偉大領袖」，而是精於權術鬥爭的奸雄。

首先，《「五七一工程」紀要》對形勢的看法我有同感，例如：全國各階層對中共和毛的日益不滿，知識青年上山下鄉是變相勞改、紅衛兵受利用等等。特別是揭露毛利用甲打乙，利用乙打丙的權術，哪裏是什麼「無產階級革命家」，還不是封建主義的統治術？

其次，江青的那封信披露毛在文革初期已對林彪有看法，可是又利用他打劉少奇，並且當他為唯一的「接班人」。這更是印證了《「五七一工程」紀要》中對毛的權術的揭露。

閱讀兩本書看透共產黨本質

這期間，中共對局勢已逐漸失控。我找來了吳晗的《朱元璋傳》來看，對照毛的所作所為，所謂：「理論聯繫實際」，進一步認識毛的本質。這時候，中共也「內部出版」了美國記者威廉·夏伊勒的《第三帝國的興亡》和《赫魯雪夫回憶錄》，我因為朋友多，有幸充當「借書掮客」，也就是不認識的雙方由我作中間人相互交換書籍看，交換時因為書籍經過我的手而由我先睹為快，看到了這兩本書。我把毛澤東和希特勒對照，除了「種族主義」改為「階級鬥爭」之外，希、毛在好些方面都可以「對號入座」，毛澤東作為獨裁者的形象在我腦海中確立。而看了《赫魯雪夫回憶錄》，進一步認清共產黨的內部專橫、腐敗，蘇共如此，「以俄為師」中共焉能例外？而赫魯雪夫肯定韓戰是北韓的金日成先發動的，更使我進一步認識中共虛偽的本質並非文革才有，遠至五〇年代初就是。而「解放前」的國共鬥爭，中共不虛僞嗎？於是，對中國現代史，都要重新評價，不可以用以前學到的東西來認識歷史，認識現實，被顚倒的歷史要再顚倒過來，我也要重新做人。

在林彪事件以後，我還是有一點幻想，希望中共可以「批左」，但是不久毛澤東批《人民日報》王若水，使我的幻想很快破滅。加上「批林批孔批周公」，江青、張春橋等彈冠相慶，並做接班的準備，使我對中共和毛澤東徹底絕望，遂決定離開中共的統治，走向自由的世界。

痛下決心離開社會主義祖國

在這以前，一九六二年的大饑荒時期，我媽媽從印尼回中國探親，問我想不想出國。當時我還很「革命」，要同黨和人民「同甘共苦」。家裏寄來的食品和外匯可以換來的各種票證還和同事朋友「共產」，豈料後來差一點成爲「腐蝕革命幹部」的罪證，因而早早地被踢出高等學府。文革期間在工廠勞動，一九七二年美國尼克森總統訪問北京後，中共政策略有鬆動，我媽媽一九七二年、一九七三年夏天都來上海看我，問我出去不出去？我仍相當猶豫，因爲對外面世界已相當生疏，而且仍希望中共和毛澤東能糾正「左」的路線。到一九七四年中共高唱「文化大革命就是好」的時候，我終於痛下決心離開曾經是我的理想，並爲之葬送青春的「社會主義祖國」。這種「決裂」相當痛苦，但也勢在必行。

一九七四年夏天老爸從印尼來上海，我正式遞上出國申請書。當時我妻子家裏反對，我妻子則尊重我的選擇，但不答應我帶兒子、女兒出去，因爲不知道外面的世界如何，擔心還是處於「水深火熱」之中。但我還是狠下決心，一個人出去。一九五五年回國時十大件行李，一九七六年出國來香港時，只背了一個小背包孤身上路。只要能離開中共的獨裁統治，我願意付出一切代價。而我的妻子和子女三年後才出來，但是因爲她的高知家庭在文革中大受衝擊而得了心臟病，在香港動了手術，十年之後還是過世了。

我來香港後即給報刊寫稿，評論中國的時事。八〇年代中期，有香港新華社官員問我，有什麼政策還沒有「落實」的？我說：人在香港，並不希罕什麼政策了。文革當中我很幸運沒有被打成牛鬼蛇神，但也屬於「邊緣人」，亦受到小衝擊，比別人幸運多了。但我在社會上看得多了，也會思考，並且還有一個曾被扭曲後又恢復正常的良心，我絕對不會認同中共的所作所爲，我無法改變它，就只能遠離它。

文革三十年了，離「結束」也二十年，而且雖然鄧小平否定了文革，但實際上文革還沒有結束。中共的好些做法，還是充滿著文革遺風。例如：「講政治」、封鎖資訊、鎮壓不同政見者等。在香港，中共挑起群眾鬥群眾，分化破壞好端端的一個繁榮社會。而我的寫作生涯現在也在被封殺中，只能「見縫插針」和「打擦邊球」，並且被列入「黑名單」……。看來香港如果不補文革的課，香港人就不配和國內同胞「同甘苦、共呼吸」了。

（《開放》雜誌）

拍賣官地——中國經濟的里程碑

一九八七年十二月十六日

張五常建議土地自由買賣

一九八六年五月二十六日香港《信報》發表了香港大學經濟系主任張五常教授的一篇文章：「出售土地一舉三得」。張五常這幾年來研究深圳以及整個中國的經濟體制改革問題，頗有心得，常在《信報》的「論衡」專欄裡發表有關文章，此篇文章就是他建議中國修改土地政策的一些看法。張五常在這篇文章中說：「賣地可以增加財政收入，幫補支出；另一方面，有了這項財政收入，可以減低稅收及簡化目前複雜的左抽右抽的制度。這對生產及投資的意向是大有幫助的。更重要的，就是賣地而又容許土地自由買賣，本身是制度改進的重要的一部分。土地變爲私產（或用其他名稱），產權的擁有者就一定會盡己所能，將土地的使用獲致私人認爲最高的收益。無論是外資或內資買地，地是在中國，這些私人收益的增長大致上都是中國社會的收益增長。」（《再論中國》，八十六頁。）

一年多以後，也就是一九八七年十二月一日，深圳會堂門口樹立了一個「深圳經濟特區土地使用權首次公開拍賣」的招牌，其實豈止是深圳，而是全國的首次公開拍賣，現實中國經濟體制改革的進一步深化，也是一個重要的里程碑。

深圳的這次土地的公開拍賣，原來是訂在今年八月底，事先香港已經廣爲報導，但是由於擔心準備不足，條例也不完備，而「一賣既出，駟馬難追」，所以後來改爲內部招標，在九月九日和十一月二十五日批租給了中航工貿中心和市深華工程開發公司，而「拍賣」則拖到十二月一日了。

市土地辦公室原來計劃拍賣的是天井湖碧波花園西側的一塊地，後來「因受拍賣前期工程的影響」而改賣位於布心路翠竹新村西側面積八五八八平方米的一塊地，作爲住宅用地，建成後可作爲商品房出售。

首次土地拍賣情況

當然，這次賣地，並非已經同香港完全一樣，例如有意投地的，並不是可以「即興」舉手，而是要事先報名，然後發給有號碼的木牌，因此在「土地使用權公開拍賣須知」中還規定：「競投者不得拿自製的牌子應價，違者，主持人有權令其退場。」「沒有舉牌而以其他方式應價的無效。」另外，「須知」中還規定：「參加土地使用權公開拍賣的資格範圍：在深圳市工商行政管理局註冊登記，領有營業執照的企業法人。」這樣一來，也限制了港資和其他外資在深圳投地。不過深圳市副市長李傳芳當天曾表示，市政府已草擬好一份有關賣地方案，經廣東省人大批准後，將會在明年公佈，據此將開放給港澳機構競投，有利於吸收外資。

而在此次賣地的「深圳經濟特區土地使用合同書」中第二十六條規定「地價沒有付清之前，用地者不得將土地使用權有償轉讓給其他單位或個人，違者，轉讓無效，沒收非法所得。」第三十條規定：「用地者經營的成本利潤率最高不得超過十五%。」有的條文雖不是那麼清楚，限制利潤的做法也減少了一些吸引力，但對在中國破天荒的第一次賣地壯舉中，似也不應太過苛求了。

而這次的賣地，反應也相當熱烈。從官方來說，不但深圳市的李灝市長、李傳芳和朱悅寧副市長親臨參加，中共中央政治局委員、國家體改委主任李鐵映，中共中央候補委員、中國人民銀行副行長劉鴻儒，國務院外資領導小組副組長周建南，也前來參加，說明高層的重視。另外正在深圳舉辦的全國十六個城市市長學習班的成員來觀看，香港有一些專業人員亦來觀看。

土地拍賣反應熱烈

參加競投的公司有四十四個，但是在深圳的中外合資或外國獨資企業並不多。雖然競投場面十分熱烈，但是最多時舉出的應價牌也只有十幾個，可能是一些公司還吃不準該地的「合理價格」，報名參加競投主要是為了「觀戰」而已。

這幅使用年期為五十年的地皮，以兩百萬底價開出，以五百零五萬成交，最後兩個激烈的競爭者是深圳房地產公司，另一個則是市工商銀行房地產公司，但是後為深圳房地產公司經理駱錦星投得。在競爭激烈之時，駱錦星周圍的「智囊」都跟他一起站起來呼叫，已經不是「經理負責制」而是「集體領導」了。這種熱烈的場面，連深圳的領導也預料不到，所以李灝市長也都忍不住咧嘴大笑。但是如果中共的政策有什麼大變化和大反覆的話，只怕李灝連哭都來不及了。不過從中共十三大的情況來看，小反覆或者會有，大反覆未必會有，因爲改革是一個潮流，大勢所趨，人心所向，誰也不能阻擋。

而在深圳提出賣地之後，上海、青島、煙台等城市也在考慮這個問題。即使具體做法會有不同，但總的精神是一致的，那就是進一步擴大改革的戰果，讓公有制多帶上一些「私」的成分，或「美其名」曰「所有權和使用權的分離」，這才能促進生產力的發展，也是「社會主義初級階段」所必須具備的。

禁止土地買賣過了時

但從法律的觀點來看，又怎樣呢？一九八二年通過的《中華人民共和國憲法》第十條規定：「城市的土地屬於國家所有。」「農村和城市郊區的土地除由法律規定屬於國家所有的以外，屬於集體所有；宅基地和自留地、自留山，也屬於集體所有。」「任何組織或者個人不得侵佔、買賣、出租或者以其他形式非法轉讓土地。」隨著經濟體制改革的進一步展開，多種經濟成分的並存，也觸動了土地的所有權和使用權問題。

一九八六年六月二十五日，六屆全國人大常委會第十六次會議通過了《中華人民共和國土地管理法》，這個管理法的制定，明確是「爲了加強土地管理，維護土地的社會主義公有制，……」因此第二條重申「中華人民共和國實行土地的社會主義公有制，即全民所有制和勞動群眾集體所有制」，「任何單位和個人不得侵佔、買賣、出租或者以其他形式非法轉讓土地」。由此看來，賣地好像是不合憲法的。

該年的十月，在美國普林斯頓大學攻讀經濟學博士學位的楊小凱，替美國出版的《知識分子》雜誌向張五常作了書面訪問，楊小凱在其中「中國不久前通過了《土地管理法》，明文禁止土地買賣……」，張五常回答說：「你說的《土地管理法》，看來快要『過時』了。在深圳，在某些情況下土地是可以買賣的，而農地的『灰色』買賣在中國不少地區時有所聞。經濟的壓力通常出現在法例更改之前。令人惋惜的，就是中國的執政者還是有著他們某方面的堅持——不肯客觀地衡量大勢所趨，實行『事生於世而備適於世』。」（《再論中國》，一百九十七頁～一百九十八頁）

也正是中國的憲法規定了土地的公有制，所以深圳的賣地是拍賣「土地使用權」，而不是拍賣所有權。但正如香港的官地歸英皇所有一樣，港府拍賣官地也是拍賣使用權，但由於有非常長的年期作保證，投得「使用權」的人相對來說就是這段年限的產權擁有者，他「就一定會盡己所能，將土地的使用權獲致認爲最高的收益」。因此它對推動經濟的發展以及對改革的影響，是不可低估的。而人大常委會所通過的《土地管理法》，不過是彭眞爲首的保守勢力，在改革浪潮面前企圖阻止歷史的前進而已。而實際上《土地管理法》中某些詞句的不夠嚴謹，也給當權者可以任意解釋的漏洞，例如不得「非法轉讓土地」，並非不是不許轉讓土地，而是不得「非法」轉讓而已，因此祇要黨的政策允許轉讓，也就可以「合法」轉讓了。深圳的土地拍賣使用權，沒有說是拍賣所有權，該也是合法的了，雖然過去從來沒有這樣做過。

而隨著深圳首次，也是全國首次的賣地以後，應該繼續不斷總結經驗，制定更完備的條例，並且盡量「自由化」而使市場經濟佔主導地位，這樣不但能刺激生產力的發展，也會因爲土地的普遍出售增加國家的財政收入，並且對外資更具吸引力，從而爲現代化的建設提供更多的資金，特別是外匯方面的資金。而賣地以後對產權的「五十年不變」（土地使用的年期），將會大大增加人們對政策的信心，也加強了內外資的投資信心。

（香港《百姓》半月刊）

佛利民與趙紫陽會晤的回憶

二〇〇六年十二月

去年十月，中共召開五中全會，提出「十一五計劃」，也就是第十一個五年計劃。中共建國以後，提出過十一次五年計劃，這是蘇聯計劃經濟在中國的反映。香港的自由經濟一向不去理會這些「計劃」，但是接近一年之後，也就是今年九月，香港居然召開《「十一五」與香港發展》經濟高峰會。所以有輿論猜測是特區政府討好中共，還是中共向特區政府施壓？總之，要把香港經濟納入中國的經濟體制內。而問題在於，特區政府還表示四個專題小組將在年底定出一份「行動綱領」，作爲下屆政府有關經濟策略的重要參考材料。而當有人質疑香港是否還執行以往的「積極不干預政策」時，特首曾蔭權聲稱那是很久以前由當時財政司夏鼎基提出，特區政府奉行的是「大市場、小政府」原則，但非墨守成規，而是根據市場需要作出修改、調校，以適應個別需要。看來，曾蔭權強調了政府作爲主導的「修改、調校」。

十月七日，諾貝爾經濟學獎得主佛利民（Milton Friedman）在《亞洲華爾街日報》撰文，在題爲〈香港模式已死〉的文章中狠批香港放棄「積極不干預」政策後的香港，使香港不再是自由經濟的閃耀象徵，他更憂慮港府會對經濟作出過分干預。

1988年9月21日，與趙紫陽總書記、佛利民夫婦、張五常合影。林保華於後排左4。（作者提供）

然而一個多月以後，居然傳出九十四高齡的佛利民病逝的消息，實在有些意外。佛老多次到過香港，不但對香港有深厚的感情，也對香港有深刻的認識，而到生命的最後，他還憂慮香港的命運。

可能是愛屋及烏，佛老不但關心香港，也關心中國，他的一生到過中國三次，當然，是中國「改革開放」以後。分別是一九八〇年、一九八八年、一九九三年。而後面兩次，正好我在香港大學經濟金融學院擔任助理研究員，協助院長張五常教授研究中國的經濟改革，而張教授與佛老曾是同事與密友，因此當張教授陪同佛老訪問北京時，特別是一九八八年那一次，我參與了一些具體的安排工作。這次訪問，佛老與當時身爲中共總書記的趙紫陽會晤了兩個小時，自始至終我都在場。

我是學中國共產黨歷史的，對經濟事務不感興趣，只是後來移居香港，在這個商業城市裡，不能不入境問俗，玩起股票來了，才關注經濟問題，加上中國步入改革開放的大變革時期，關注中國政治不能不關注它的經濟，正好企業家查濟民先生捐助一筆經費給張五常教授研究中國經濟改革，教授因此在香港與深圳聘請幾位助理參與工作。我也應聘到香港大學工作，並且一直做到離開香港爲止。期間，在張五常教授指導下，才了解一些自由經濟的皮毛。而更榮幸的是能夠與他一起參訪經濟改革中的中國。

第一次接觸佛利民如此有這樣高學術地位與國際影響力的大師（還是美國總統雷根與英國首相柴契爾夫人的「國師」），自然也非常好奇。但是他與夫人羅絲的平易近人也出乎我意外，看到他們夫婦自己拖了行李走進飛機場，心裡有莫名的感動。而他們的「短小精悍」散發出的活力、對新事物的興趣，更使人驚嘆，包括反應快捷的思想火花，正如張教授所言，他的思想「快如閃電」。

八八年訪問中國這一次，是上海復旦大學邀請佛老到上海訪問。當時中國正在闖價格改革的難關，由鄧小平發動，但是引發搶購與通脹時，卻把責任推給趙紫陽，因此趙在黨內受到「八老」與李鵬爲首的保守派的圍攻，地位不穩。十三屆三中全會宣佈要治理整頓，更顯示改革可能倒退。佛老是貨幣學派的大師，這正是他所要解決的問題，因此張教授就有意安排他與趙紫陽見面，提供意見。以我對中共黨內鬥爭的認識，當時的政治環境已經比較險惡，安排不易，但是我們還是動用在國內經濟學界的關係來做這工作，結果居然打通了關係，獲得趙紫陽首肯。但是我們的交通住宿費用則由張五常與他的朋友，很早在中國進行投資的天安中國董事長周安橋負責。

在上海，除了復旦大學的活動，還有上海社會科學院的座談，與上海的學者接觸；我們還與當時帶領改革輿論的上海《世界經濟導報》交流。我們在九月十五日離開上海後，先在蘇南的蘇州與無錫考察。一九八七年我與張教授在北京朋友陪同下曾到溫州參觀「溫州模式」，這次是參觀「蘇南模式」。再到南京，住在落成不久的金陵飯店，還參觀新街口的百貨公司。

十八日到北京。在哪裡住宿？曾考慮釣魚台國賓館與香格里拉酒店兩處，我傾向香格里拉，因爲外資酒店或可避免被竊聽；但最後是住在釣魚台國賓館，因爲是「國賓」

嘛。我想見識一下也好。給我印象最深的是冰箱裡的飲料全是國貨，還沒有「易拉罐」飲料，而是非常老土的瓶裝汽水。

到北京那天晚上，國務院研究發展中心在人大會堂新疆廳宴請我們。總幹事馬洪、副總幹事孫尚清、張磐，以及吳敬璉、楊培新、李忠凡等經濟學者出席。席間佛老與馬洪對物價改革與通脹問題進行了熱烈討論。

第二天上午安排佛老在科學會堂做「市場對社會發展的貢獻」的講演，除了經濟學界的孫尚清、陳岱蓀、厲以寧、吳敬璉、楊培新、廖季立、于景元、李忠凡等出席，還有一批社科界的思想活躍人士金觀濤、劉青峰夫婦、戴晴等，非常熱鬧。聽眾提了五十多問題，說明當時思想界的活躍，但是因爲時間關係，只回答了三十個問題。

下午到中南海紫光閣與趙紫陽會晤。由於我在香港的反共色彩太明顯，因此我曾向國內朋友表示我不想出席，避免給政治上已處於困境的趙紫陽帶來更大麻煩。但是北京的朋友認爲無妨，結果我低調參加，不把我的名字列上。因此媒體列名的是佛利民、羅絲夫婦、張五常、周安橋。中方出席的有馬洪、林宗棠、孫尚清、張磐、楊培新、李忠凡等。一直到回到香港，我也沒有說見過趙紫陽。那天晚上在香格里拉酒店的答謝宴會，向新華社香港分社社長許家屯遞交名片時，他只知我叫林保華，而不知道我就是常常批共和罵他的凌鋒。

佛老與趙紫陽的對話，由四點半進行到六點半。我與接待單位的王麗莉做記錄，最後由我把兩者結合定稿，刊於後來張教授集結成冊的《存亡之秋》。會晤中，趙紫陽先介紹中國經濟改革的情況，著重談了物價改革所面臨的問題，並且認為今後主要解決的三個問題是價格改革、治理通脹、企業股份制。佛老也就通貨膨脹、價格改革、和企業效應問題發表他的看法。當然，他主張大刀闊斧的改革，解除對市場的管制。一個是最大共產黨的首腦，一個是經濟學大師，雙方不但談得投機，而且相互欣賞。共產主義與資本主義似乎融合了。但是會晤結束，趙紫陽送我們一行出來時，顯得心事重重。看來他是知道這些主張雖然正確，但是在當時的政治環境下是無法貫徹的。但是他也不會想到有六四那場屠殺。

我記得在釣魚台的第一個晚上，張教授問我，趙紫陽是不是的確想改革？我認為他的確是想改革的。因爲怕竊聽，我沒有多言。張教授問我這些，也許是想確定佛老講話的尺度。在會談結束後，佛老與張教授對趙評價極高，特別是張教授產生了我所認爲的「趙紫陽情結」。他回香港寫的一些文章熱情讚揚趙紫陽，被認爲「保趙倒鄧」，還掀起若干風波。可惜趙的政治生命已經難以重振。

那晚回賓館後，張教授突然找我，說會有人接我們去看方勵之。我嚇了一跳，說我不想去。因爲我知道所有電話都被竊聽。然而教授執意要去，我只好陪同。他住家的電梯已經在晚上九點半後停開，我們一口氣爬上十一樓見他。佛老夫婦沒有參加我們這次夜間行動。那晚，前香港《新晚報》總編輯，以間諜罪名被騙到廣州逮捕後軟禁在北京的羅孚也在場。

次年春天，胡耀邦逝世，北京爆發學生運動，再發生六四屠殺。北京市長陳希同在該年六月三十日向全國人大常委會發表有關「反革命暴亂」的報告中說：「特別引人注目的是，趙紫陽同志去年九月十九日會見美國一位『極端自由派經濟學家』以後，一些據稱與趙紫陽『智囊團』有著密切聯繫的香港報刊，大肆進行宣傳，透露出了『北京利用香港傳媒倒鄧保趙』的政治信息。」一向慣於推卸責任的中共，把這次會見當作暴亂的始作俑者。固然這次訪問引發一些思想激蕩，然而能引發暴亂則是太恭維了。

一九九三年，佛老夫婦再次光臨香港，張教授再爲他們安排中國之行。這次除了周安橋之外，教授太太也去，另外還有壹傳媒老闆黎智英，以及一些學術界、企業界的朋友近二十人，浩浩蕩蕩，先到成都，再到重慶、上海，再到北京。我剛被解除黑名單，因此在成都進關時還被扣留約二、三十分鐘，把其他人嚇住了，以爲我被捕了。海關在弄清我的確已經從黑名單刪除後，才得以進關。（一九九五年我因爲屢教不改再次被列爲黑名單。）

這次在北京，除了佛老的一場講演，也安排見江澤民，但是最後確定的名單是佛利民夫婦與張五常夫婦。在佛利民夫婦的自傳《兩個幸運的人》一書中說：「江首先要我發表評論，我講了大約十分鐘。表達自己一向對於金融問題、複式匯率、以及提供外資過度優惠的看法。江接著就滔滔不絕地談了大約四十五分鐘，用掉了我們預計會面的絕大部分時間……。我估計江澤民可能根本不打算聽我們必須說的話。」後來我問張教授江澤民對他們說了些什麼，張回答說，江介紹他治理上海時的「菜籃子工程」。我聽了忍俊不禁。

中國爲了需要，用利益籠絡了不少海外學者爲中國鼓譟。但是佛老堅持他的理念，忠實的發表他對中國經濟問題的看法，包括最近對香港的批評。這個批評完全正確，最近李嘉誠兒子李澤楷出售電盈給外資，中國國務院港澳辦公室主任廖暉竟插手制止，特區政府乖乖就範。這不是自由經濟的變質嗎？中國的社會主義市場經濟是個怪胎，與自由經濟有很大距離。權力的干預，導致腐敗與貧富差距的擴大，也阻礙了政治改革的開展。佛老的去世，世界少了一個可以直率及對中國進行批評及提供建議的學者，這是中國的大損失。

（《動向》雜誌）

「血汗中國」走到盡頭？

二〇一〇年六月二日

五月上旬，台灣媒體報導：上海當局先前已請玉佛禪寺法師爲世博會誦經祈福，五月五日更秘密決議延聘上海玉佛寺數十名高僧，爲世博會徹夜誦經以便「消災祛火」，保佑世博會未來的運作順利。解放牛網還報導，上海玉佛禪寺啓建儀式四月二十八日（農曆三月十五）上午十時三十分在大雄寶殿舉行。當天，玉佛禪寺一眾法師根據佛教儀規，透過誦經、佛事等形式，開始歷時四十九天的啓建儀式法會。據了解，法會期間僧侶將每天定時爲世博會誦經祈福。

共產黨是無神論者，竟然要請高僧作法，爲上海世博祈福，是否共產黨已經感覺到，來日無多了。果然世博開幕，問題不斷，甚至傳說有人跌死。由於參觀人數太少，上海的里弄動員民眾爲世博撐場。然而爲了保住「人氣」，又要花費多少民脂民膏？世博恐怕注定要虧本了。

可是還沒有等到世博閉幕的「蕭條」，突然冒出富士康事件。也許當政者本來以爲可以藉此把焦點轉移到外商，讓他們成爲民眾的箭靶，然而對「血汗工廠」的討論，卻打到共產黨自己，可說是搬起石頭砸自己的腳。中國作爲「世界工廠」中的「血汗工廠」一直爲人詬病，如果這是出在其他落後國家，倒也罷了，因爲那是社會發展的必經階段。然而中國已經跨越了資本主義階段到了人類最先進的社會主義國家，卻在上演馬克思、恩格斯當年所批判的血汗工廠，眞是令人啼笑皆非。不論是馬克思、恩格斯的《共產黨宣言》或恩格斯的《英國工人階級狀況》，還是列寧的《帝國主義是資本主義的最高階段》，乃至毛澤東的《中國社會各階級的分析》，現今的中國共產黨人，都是他們所批判的貪婪、野蠻、反動的階級。奇怪的是胡錦濤要高舉毛澤東思想偉大紅旗，怎麼不把幾個大地主、大買辦拿來祭旗？難道是怕最後連自己都逃不掉？

但是這種「打著紅旗反紅旗」的情況不可能永遠這樣下去；上層建築與經濟基礎脫節的情況也不可能永遠這樣下去。也許，現在是快走到盡頭的時候了。那就是以富士康事件爲契機，中國工人階級將從自發的經濟鬥爭，走向自覺的政治鬥爭。

過去中國共產黨在農村搞「無產階級革命」是一個歷史的誤會，那根本是一場痞子運動，這個消極的、腐化的部分成爲革命先鋒，導致中國老百姓遭到浩劫。如果按照馬克思主義的原理，中國的經濟崛起，成爲世界工廠，才有眞正的工人階級；而擁有全國土地與充當紅色買辦的共產黨權貴，才是眞正的中國人民的革命對象，中國進入貨眞價實的「無產階級革命」前夜。

從各方面披露的情況來看，富士康算不了「血汗工廠」，頂多是「精神血汗」，也就是非常嚴格因而缺乏人性的管理制度。雖然許多農民工不習慣，然而，這不正是過去共產黨所聲稱的是工人階級嚴密組織性與紀律性的表現？正是這種嚴密的組織性、紀律性，才會形成有力的戰鬥團隊，爲推翻共產黨做準備。這叫做以共產黨之道還治共產黨之身。

比富士康更殘酷剝削工人的，在中國比比皆是，如果富士康可以加薪三成，那麼中國的國有企業，應該加四成到五成。如果他們做不到，那是因爲他們的許多資源，被共產黨官僚貪污了，那裡就更具備發生工潮的條件。當然，對著台商，中國官民乃至媒體，可以同仇敵愾，導致身爲台灣首富的郭台銘灰頭土臉。然而如果中國工人以這種方式來對付中國的官僚資本家，只怕得到的不是加薪三成，而是公安、武警的棍棒與屠殺；然而，也必將進一步激化社會衝突。

中國不只是血汗工廠而已，整個國家都是血汗國家。共產國家就是血汗國家：工人、農民受到殘酷壓榨，人命如同草芥，整個社會血淚斑斑，這才是問題嚴重的地方。血淚斑斑無法化解，只能演化成暴力連連。這就是世博前後發生多起校園屠殺案的原因。六一兒童節一位湖南永州（「苛政猛於虎」的地方）的保安槍殺三名法官，就是向社會顯示，他不會針對兒童，而是針對壓迫他們的「公檢法」。崇尚暴力的共產黨，不懂得什麼因勢利導，以爲暴力可以解決一切，所以人民除了順民，就是暴民，偏偏就缺少公民，這是共產黨自己要嚐到的惡果。

血汗中國的走到盡頭，還包括中國經濟的困境。打壓樓市的進退失據；今年夏天中國五大銀行在A股與H股市場搶錢；中國去年的「國進民退」到今年突然要轉爲「民進國退」等等，都在顯示中國政府的財力已經力不從心了。世博結束後，看老天爺是否能保佑中共了。

（自由亞洲電台）

「抗美援習」引發的中美經貿大戰

二〇一九年五月二十七日

外交是內政的繼續，用這個觀點才可以解釋中美經貿戰的突然變局。

五月上旬，中國爲何突然賴帳導致川普變臉，加徵兩千億美元中國進口商品的關稅？五月九日劉鶴卻假裝沒事率領代表團攜帶習近平「美麗的信」給川普，進行新一輪的會談，相信信件內容空洞無物，所以阻止不了增稅。中國雖揚言報復，卻沒有立即宣布，到五月十三日晚中國財政部才發聲明宣布反制手段，對原產於美國約六百億美元進口商品分別加徵關稅。當晚的中央電視台發表強硬措辭的評論：「談，大門敞開；打，奉陪到底。經歷了五千多年風風雨雨的中華民族，什麼樣的陣勢沒見過？！」號角一出，宣傳機器開動洗腦，全國反美情緒立即飆漲，各種奇談怪行紛紛出籠。

五月十日「兩岸媒體人北京峰會」開幕，全國政協主席汪洋講話中提及美國怕中國，不敢同中國打仗，講話被秒撤。但是十六日汪洋在會見第五屆全國台企聯成員，再度重複有關美國不敢與中國打仗的相似內容的講話，顯示汪洋在中共內部獲得「平反」。

可見在「美麗的信件」與十三日晚上之間發生了重要事件。

原來，一般在月底召開的中央政治局會議，五月提前在十三日召開。新華社報導會議內容是研究部署在全黨開展「不忘初心、牢記使命」主題教育工作，審議《長江三角洲區域一體化發展規劃綱要》。這兩個議題並無提前召開的迫切性。然而新華社報導的最後一句話是可圈可點的「會議還研究了其他事項」。可以猜到，其他事項就是決定對美的報復措施。

在這以前的五月六日，傾向江澤民派系的香港《南華早報》已報導習近平拒絕對美國讓步，並且聲稱「自己會負完全責任」。然而現在政治局做出報復措施時，責任就由政治局集體負責了。

其實這是兩種不同的責任。《南華早報》講的責任是指習近平推翻了劉鶴代表團與美國做出的協議而引發川普祭出增加關稅的決定。政治局的責任則僅僅是那六百億美元的報復措施。然而習近平把兩者混在一起，意在逃脫他的全部責任。至於被他推翻的是什麼，開始是說有關盜竊智慧產權與制度改革的內容，後來則說是習近平不願協議的文字公開出來，以免他的威望受損。如果連白底黑字的協議中共都常常推翻，沒有公開的文本又豈會遵守？如果協議不公開，習近平不是同袁世凱的二十一條賣國密約一樣？

習近平推翻劉鶴與美國的協議，去年已有前科。這次重施故技，已經引起內部的警覺。四月二十日，前國家副主席曾慶紅招搖回到江西省吉安市家鄉；四月二十六日，網民發表前國家主席江澤民在家鄉江蘇揚州現身的照片；五月十一日四川汶川大地震十一週年前夕，前總理溫家寶在災區出現。最可疑的是，負責對外貿易談判取得重大成果的前副總理吳儀在江蘇無錫祭祖的照片，五月初在微信朋友圈上廣為流傳，這張照片卻是二〇一七年四月三十日拍攝的；顯然是針對習近平與劉鶴和美國談判的失敗。

已經掌控全國特務機構而又面臨內外交困的習近平，對這些政治異象自然也特別敏感。因此一天也沒有浪費，在劉鶴回國後立即召開政治局會議，以強硬姿態回擊美國。在「愛國」的大帽子下，全無思想準備的政治局成員哪裡敢冒著「賣國」的風險表示軟弱？

接著，習近平又拿下屬於朱鎔基、王岐山派系的前證監會主席劉士餘，卻又稱呼他是「同志」，因爲主動投案而在配合調查，顯然準備揪出劉的黑後台。這些動作表明習近平在「愛國」大帽子下準備與江朱派系進行決戰以報去年夏天之仇。那場大戰因爲胡錦濤沒有支持江朱，他的兒子胡海峰立即傳說從浙江山區的麗水被提拔爲西安市副市長做爲獎賞。習近平視察南昌的陸軍步兵學院也不是針對美國，而是恐嚇黨內的政敵。因爲陸軍怎麼抗美？

台灣有人爲習近平叫屈，說他是被鷹派逼的，這是在爲習近平開脫。川普甚至可能暗助反對派一把，使出連環招痛擊華爲及其他違法的中國企業。別看華爲創辦人任正非嘴巴多硬，對習近平的「抗美援習」損害到他們的重大利益可是氣得要死。

習近平靠煽動「反日」的民族主義上台，但後來還是臭著臉與安倍首相握手，下個月還要訪問日本去離間美日關係。現在又煽動反美狂熱，可美國與日本不但實力不同，國人的觀感不同，與中共權貴的利益關係也不同。習近平此舉可以加強自己的權力，還是爲自己的下台做準備？愛國是不是流氓最後的庇護所將再度被檢視。

（《自由時報》）

中共的接班人暗湧

二〇一九年十一月二日

中共十九屆四中全會結束，公報用一堆「堅持和完善」某些制度繼續掩蓋不欲爲外人知的內幕。「堅持」是肯定習近平過去所做的一切，「完善」則是放之四海而皆準，因爲沒有任何事物是絕對完善的，以兩字遮百醜。對中共面臨的重大問題卻隻字不提，例如中美貿易戰、經濟下行、香港反送中運動等。可見這類所謂公報的虛僞。由於會議前夕清算一批中小老虎作爲威懾，全會終於平安落幕。

全會召開前有一個暗湧，在公報中也未提及，但是勢必角力，那就是接班人問題。照理習近平在廢除終身制以後，暫時不會談及接班人問題，除非是他的健康出現嚴重問題，或者黨內對他的終身制反對聲量很大。目前情況看，習近平的健康未必太好，但還不至於需要趕緊安排接班人；因此最大的可能是黨內有太大的反彈聲浪，因爲「皇帝」

是最不堪的形象，這是反習最有合法性與說服力的議題，也是最能聚合黨內各個派系，與引發社會輿論配合的議題。

這個議題之所以在會前成為關注話題，是因為習近平最寵愛的部屬、政治局委員兼重慶市委書記陳敏爾的異常活動。九月十日他出訪新加坡、菲律賓與斯里蘭卡三國。其中新加坡因為領導人是「炎黃子孫」而與中國有特殊關係而成為中國釋放某些訊息的孔道。本來有一陣北京的壓力造成李顯龍的不悅而增加戒心，但是因為李氏家族的內訌，擔心中共介入，加上香港反送中運動也可能影響新加坡政局，因此李顯龍已經與習近平言歸於好，配合中國對港台的言行，以及支持一帶一路。

陳敏爾只有黨職而無政府職務，過去只能到「兄弟國家」訪問，否則對方很難有個對口的黨官接待，但是現在中共越來越不管這一套，只要有需要，就強迫對方接受。

更令人驚異的是，一個月後，新加坡就對陳敏爾此行來個回訪，帶隊回訪的是新加坡副總理兼財政部長、也是李顯龍接班人的王瑞杰。他在十月十四日率領包括六名部長級內閣官員在內的九名高官訪問中國重慶、天津及北京三個城市。而王瑞杰剛在五月下旬訪問過北京。這顯然是趕在四中全會前配合習近平執導的不合常理安排。

以王瑞杰在新加坡的地位，中國派出相應的第一副總理韓正接待，但是重頭戲則是在重慶演出。因爲陳敏爾剛剛訪問過新加坡，見過王瑞杰，因此王瑞杰不但成了「中國人民的老朋友」，還在重慶大演兩國「接班人」相會的戲碼

這場戲趕在四中全會前演出，顯然是習近平給內部看的：即使你們要我恢復廢除終身制，我的接班人也安排好了，一樣沒有你們的戲。

習近平有一批閩浙舊部，但是最看重陳敏爾，從他二〇一二年上台以來，陳敏爾每隔兩年就換一個新職並且高升一級。最明顯的是在二〇一七年中共十九大前夕，習近平突然拔除重慶市委書記孫政才，罪名是莫名其妙的「薄熙來餘黨」，然後火速以陳敏爾補上，因此在十九屆一中全會上，按照慣例，重慶市委書記必然是政治局委員又高升一級。雖然陳敏爾今年在級別上沒有再升，然而透過這個外事活動暗示他已經取得接班人地位。因爲這不是明示，其他派系也無可奈何。

反習勢力也不是沒有他們心目中的接班人，那就是現任副總理胡春華。本來他作爲團派的接班人，應該在十九大進入政治局常委而不是趙樂際。然而習近平恐怖拔除孫政才的手段，逼他自願放棄進入常委行列，安心做他的政治局委員以保小命。他的這一步也帶來眾多的同情。習近平在四中全會前夕正式逮捕前雲南省委書記秦光榮，正是因爲此人也是團派，被列爲胡錦濤前中共中央辦公廳主任令計劃的「死黨」，而警告其他團

派人馬。

但是習近平因此就萬事大吉了嗎？習近平的上台憑藉他的紅二代身份與他老子習仲動的光環。然而他的志大才疏與紅衛兵性格，中美貿易戰與香港反送中運動不會輕易善了。就算陳敏爾沒有見光死，因爲缺乏強有力背景，加上升官太快缺乏人脈與基礎，隨時可能在黨內鬥爭中被鬥下來，習近平也可能一併被清算。

（香港蘋果日報）

今日之域中，還是習家天下？

二〇二〇年三月十六日

今年三月六日，中國的大外宣透過香港《明報》，宣布習近平將在「近日」訪問武漢；同一天，美國的中文網路媒體《光傳媒》發表「任志強『討習檄文』：剝光了衣服堅持當皇帝的小丑」。兩者的針鋒相對，是武漢肺炎爆發後中共黨內鬥爭要見眞章了？

習近平訪問武漢，是這位自稱「親自指揮、親自部署」的武漢肺炎指揮官不敢親臨前線，在三個多月後才御駕親征，藉此掩飾他的貪生怕死；而檄文正是批判習近平身爲皇帝在這三個多月內的所作所爲，不但無能，而且造假，還要自吹自擂，文過飾非，是剝光了衣服堅持當皇帝的小丑。

習近平掌控的國內外文宣，爲吹捧習近平製造的文字何止千萬字，任志強的文字則僅僅八千五百字而被稱爲「檄文」，讓我們想到中國唐代的駱賓王〈爲徐敬業討武曌檄〉。這篇聲討武則天皇帝的檄文被納入《古文觀止》而膾炙人口；那麼現在任志強爲誰討習皇？討武檄文最著名的是最後一句：「請看今日之域中，竟是誰家之天下！」那麼現今的中國，是否也可一問：請看今日之域中，竟是習家之天下？

任志強是何許人？他也是紅二代。他在回憶錄《野心優雅》中披露，王岐山是他在北京讀初中時候的高中同學，兼任他班上的輔導員，後來還一起到延安插隊落戶。回北京後，任下海成爲國企的地產大亨，王則進入仕途。二〇〇三年爆發SARS疫情，北京市長孟學農請辭負責，由王岐山接任，在一次座談會上兩人再次見面。「從在校學習到上山下鄉，再到北京工作，我都跟他保持各種各樣的聯繫。至今他還會偶爾在半夜打來電話，我們經常一聊就聊很久。」此書二〇一四年出版，王岐山已經是中央政治局常委兼中紀委書記。

二〇一六年二月十九日習近平視察央視，提出「央視姓黨」議題，外號「任大炮」的任志強當晚在新浪微博發貼質疑：「人民政府啥時候改黨政府了？」當時急於立功的共青團中青網以《任志強「黨民對立論」用心險惡》，還「妄議中央」、「違反『國安法』」等爲號召，在全國掀起文革式的大批判。十天後由中紀委監察網的一篇文章讓事件落幕。「反黨」的任志強僅僅留黨察看一年。這應該是由王岐山出來說情，當時習近平還得依靠王岐山的中紀委爲他打擊異己。

王岐山退居二線擔任國家副主席，開始還讓他列席七人政治局常委會，號稱第八常委。但是自從習近平稱帝與美中貿易戰開戰以來，雙方日行漸遠，去年七月一日，王岐山接見老友墨西哥外長時自爆說：「我現在負責協助主席做一點禮儀性外交。」在這個美中貿易戰，與美國關係良好又精通財經的王岐山也被習近平撂在一邊可知。

檄文最後第三段有聳人聽聞的兩句：「當無恥和無知的人們試圖甘心於偉大領袖的愚蠢中生存時，這個社會就會在烏合之眾中難以發展與維持了。也許不遠的將來，執政黨也會在這種愚昧中清醒，再來一次『打倒四人幫』的運動，再來一次鄧小平式的改革，重新挽救這個民族和國家！」

這被視爲煽動政變。雖然任志強與王岐山關係不錯，王岐山肯定不會採用這種放炮式的手段。任志強是在度過「十日文革」四周年時，遇上習近平二月二十三日十七萬人大會上的自吹自擂，看來格外受到刺激，大筆一揮就寫了此文。

然而即使王岐山不知此事，這篇文章卻肯定說了政經各界許多人的心裡話。民間的李文亮、許志永、趙士林等因爲洩漏或批評疫情而被約談、被失蹤、被封殺，然而任志強作爲體制內的紅二代出來，習近平就比較傷腦筋了。

朱鎔基、王岐山的財經幫早對習近平處理美中貿易戰的立場禍國殃民大爲不滿，隱瞞疫情又再嚴重損害中國經濟，更是憤怒。這些情況任志強怎麼會不知道？去年五月中央紀委國家監委網站聲稱前中國證券會主席劉士餘自動投案的怪事，顯然是押人取供，因爲劉是朱鎔基的愛將，但到十月，當局公布將他降爲正處級；終止其中共十九大代表資格；收繳其違紀違法所得。雷聲大雨點小，說明習近平打擊財經幫受挫。

就連習近平的愛將劉鶴與任志強關係也不錯，回憶錄中說，劉曾是任的專家庫成員，「中國經濟五十人論壇中我們常常見面，在我心目中他不是什麼官，私下裡我們仍以朋友相交。」因爲習近平的橫蠻無知，在美中貿易談判中也傳說劉鶴幾乎要與習分手。回憶錄裡也有一節談到任與汪洋（現任政治局常委兼全國政協主席）的良好關係。

習近平的對手當然不止財經幫。團派還有較大的勢力，然而總理李克強比較懦弱；胡春華爲了保命，主動放棄可能入選政治局常委的機會，對習近平哪會服氣？外界一直把習近平的最大政敵看作是江澤民、曾慶紅的上海幫。然而上海幫已被習近平打得七零八落，江澤民身體不行了，曾慶紅還有點影響力，但太多把柄抓在習近平手裡。

發動政變必須軍隊的配合。以現在體制，軍隊發動政變不可能，必須有政界的人與軍界溝通才行。上海幫在軍隊還有影響力，因爲其他幫派的手都插不進去。江澤民時代的一百多位將領關在秦城監獄，他們的部下還在戰戰兢兢過日子。即使習近平自己提拔的蔡英挺、張陽等，最後也被習近平廢了，張陽被審查居然還能自殺身死。所以軍隊不會眞心擁習。尤其即使是紅二代劉源、劉亞洲兩位上將也被習近平踢走，這些比習近平輩份高又見多識廣的紅二代難道不會同情與支持任志強？只要有人說動軍委副主席中紅二代的張又俠，習近平就沒轍了。

反觀習家軍有什麼人？都是他的閩浙舊部，圈子很小。即使不論他們有否貪污，就論工作能力來說，因爲坐上直升飛機而缺乏歷練，在各地洋相百出，惹起很大民憤。在這情況下，反習勢力如果有人出來串聯，任志強的這篇檄文何嘗不會成眞？

從一月下旬就被委任爲中央指導組組長而一直在湖北前線坐鎮的副總理孫春蘭，並非習近平的人。她是女工出身的工會幹部，習近平離開福建後，她一度出任福建省委書記。著名的香港銅鑼灣書店事件，習近平通過政法委要查有關他在福建的情人是誰傳出來的，孫春蘭就是被懷疑的對象之一。若她在湖北染疾而嗚呼哀哉，可是個烈士炮灰。被譽爲抗疫專家的鍾南山，正處在利益與良心的掙扎中。如果中國變天，孫、鍾兩人是最好的習近平如何抗疫的污點證人。

面對這些警訊，習近平在三月十日到達武漢後還一再造假，新聞造假、圖片造假，只有貪生怕死還是眞的；還營造「鶯歌燕舞」的昇平世界，無視失去最後改錯的機會，武漢與湖北的民憤已經壓不大住了。

就在這個時候，積極爲習近平賣命的外交部一批紅衛兵居然一再要撇清「武漢」兩字以維護習近平的聲譽，尤其捏造病毒從美國傳來，甚至是美國軍人帶來的荒謬訊息。這不是去挑釁對中共處理疫情已經非常不滿的川普政府？當然目的只是爲轉移國內民眾的視線。然而爲此而出此下策，正好說明習近平集團的走投無路，也會讓任志強的檄文進一步發酵。習近平集團去捋美國虎鬚，一旦中國國內出現政變，美國不支持才怪。難道習近平還依賴一早就封鎖中俄邊境的俄羅斯？

習近平當局已經找任志強喝茶問話，任表示不知此事，然而在高層內部已經耳聞口傳。這再次考驗習近平的智慧。

（《自由時報》）

中南海燈火輝煌　創黨者女兒晚景淒涼

一九九七年十一月

紐約《世界日報》刊出中共建黨的第一號創始人、中共一大至五大被選爲總書記的陳獨秀的女兒陳子美，因爲付不起她早已買下並且居住的紐約合作公寓的管理費（她的耆老生活補助金每月四、五百美元，而公寓的管理維修和所有水電煤氣費四百元），多年來累計欠下一萬四千元，最近管理公司下令將她逐出公寓，她已接到法院傳票要她出庭，因此通過社區人士向紐約市議員求助。

基於當年學習中共黨史時對陳獨秀人格的了解和他在中共黨內鬥爭中受屈的同情，我打了電話給《聯合報》駐紐約記者曾慧燕，希望能帶我去探望她，因爲我剛到紐約，人生地不熟，而曾慧燕一向幫忙「新客」。同時向她提出「申請」的還有中共黨史專家、曾在延安抗日軍政大學待過的司馬璐老先生。曾慧燕帶隊去探訪時，同去的還有前《新觀察》總編輯戈揚和內子楊月清。紐約的《世界日報》、《明報》、《星島日報》也有去採訪或跟進。看來「錯誤路線」頭子陳獨秀，也還有其「剩餘價值」而「惠及」後人了。

由陳子美的落魄，當然也想起現在意氣風發的高幹子弟，江澤民和李鵬可以呼風喚雨，鄧小平、陳雲、王震等家族則成了名列前茅的豪門族閥。也怪不得中共元老們當年的「你死我活」鬥爭，除了對付國民黨，還包括黨內的異己，甚至不惜借國民黨的刀，殺自己戰友。這樣，勝利者不但可以成爲人中龍，而且可以福澤後人。而作爲「路線鬥爭」失敗者的陳獨秀，在坐完國民黨監牢後，窮困潦倒而病

林保華、楊月清夫婦與陳子美（1997年）。（由作者提供）

逝，而由他親手創立的黨，並沒有表示對他的關心，還指責他是「托陳匪幫」和「漢奸」，陳的子女則不死即窮了。

我們見到的陳子美女士，是個短小精悍、手腳靈活、腦筋清楚的老人，十分健談而不乏幽默感，相信和乃父的基因有關。在兩個多小時的交談中，有備而來的司馬璐想問她一些黨史中的問題，但她以不懂政治爲理由警覺地避開了，她有興趣的是談她的家世和傳奇性的經歷。

陳獨秀大小通吃

陳子美的母親高君曼，是陳獨秀元配高曉嵐的同父異母妹妹，但陳子美說不記得這位元配夫人的名字了，是眞的忘了，還是以前的嫌隙而不屑一提當然只有她自己知道。她更把陳的「一箭雙雕」責任推給這位元配。據她說，由於陳獨秀生性風流，高曉嵐認爲他如果要了自己的妹妹，好過找外人，因此「內舉不避親」，不斷在陳的耳邊吹風，介紹自己的妹妹如何賢淑和知書識禮。加上陳、高兩家的家書分別由陳獨秀和高君曼執筆，彼此更加心儀。相信在這些書信往還之中也會夾帶「私貨」。

陳獨秀當時還推薦給高君曼一些介紹新思想的書籍，然後再「煽動」她離家讀書，最後又把她叫到他所在的杭州（當時他在杭州陸軍學堂任教）。離開了深閨而在外頭舉目無親的高君曼就輕而易舉的落到「偶像」陳獨秀手裡。

陳子美生於一九一二年，今年實足年齡應該是八十五歲，但她來美以後虛齡變實齡，成了一九一〇年出生了。陳子美的三個哥哥和一個姐姐都是高曉嵐生的，長幼順序是延年、喬年（分別於一九二七、一九二八年被國民黨處死）、筱秀（女，一九二七年從家鄉安慶趕到上海爲延年奔喪時因過度悲傷和勞累而暴卒於滬上）、松年；高君曼則生子美和她的弟弟鶴年。松年在中國大陸，前幾年發表過一些回憶陳獨秀的文章；鶴年呢，據陳子美說，一九七五年時他還在香港《星島日報》工作，不過改名陳哲民，後來可能回中國大陸了。她和兩個兄弟均無聯絡。而當司馬璐提及中國報刊披露新史料時，陳子美就很不高興地懷疑是陳松年亂說的。

他們的不和看來由來已久。據陳子美所說，高曉嵐在安徽去世（一九三〇年），高君曼帶了兒女去奔喪，被陳松年拒在門外。不過在這以前，高君曼對在外獨立生活的延年、喬年相當照顧，這點陳子美口氣相當自豪。

糖果在爸爸書桌抽屜裡

陳獨秀對身邊的女兒陳子美相當溺愛。據她說，陳獨秀書桌最底下一個抽屜就是給她放糖果的。陳獨秀在書桌上寫文章，女兒在底下吃糖果，老子專注寫文章忘了女兒，女兒一心吃糖也忘了老子。講到這些，陳子美臉上露出稚子之情。

由於陳獨秀後來投身革命事業，不只是耍耍筆桿子，也面臨白色恐怖的鎮壓，所以高君曼帶了子女分開住，不過在高曉嵐逝世後一年多，高君曼也去世，可謂紅顏薄命。直至後來陳獨秀被捕、老病、死亡，陳子美也就一直沒有和他在一起。雖然如此，她直言對爸爸很有感情。

後來和陳獨秀同居的，是一個叫潘蘭珍的女工，年紀只比陳子美大一些。一九三二年陳獨秀被國民黨逮捕，關在南京，陳子美曾去老虎橋監獄看他，據她說，她曾建議給潘正式的名分。潘以後在窮困中一直陪伴陳獨秀，直至他病逝。對陳獨秀的病逝，陳子美認爲是食物中毒，怪住在一起的鶴年不懂醫學，沒有立刻將他送往醫院。

抗戰爆發，陳獨秀獲釋，經武漢、重慶去江津，陳子美則在貴陽讀醫。據她說，在一次大轟炸後逃出，她沒說去哪裡，大概是上海，因爲「解放」前後她就在上海。

陳子美不大願意談她的感情生活，只說人家是寫「血書」追求她才打動她的心，但後來這段婚姻並沒有維持下去。而據司馬璐先生說，她有兩次婚姻，她自己不願說，他也就沒問。

花甲之年攜子泅水偷渡香港

「解放」後陳子美在上海的日子並不太好過，據她說，街道的居民委員會對她並不好。一九六〇年她帶兩個兒子移居廣州。她沒說以什麼理由申請遷居，但她說實際目的是想去香港。因此她就監督兩個兒子學游泳。經過十年準備，到一九七〇年，小兒子先偷渡去香港，半年後大兒子和他的朋友帶著她身上捆著幾個空汽油罐，在海上漂流了十幾個小時才到香港。據她說，兩個年輕人在海上都累得打瞌睡，她則一直在旁邊弄醒他們。那時她已是六十虛齡了。

在香港幾年，她在工廠打過工，後來開托兒所。一九七五年，她聽到消息以爲港府將遣返偷渡客，便興起往美國跑的念頭。本來是想到美國旅遊看看後回去叫兒子來，但是旅行社的人對她說：「你的腳踏到美國後，就是你狠了。」想想有道理，她就留下不走了。陳子美以六十多歲年紀在餐館打工，居然能夠說服老闆出面給兒子辦移民來美而全家團圓，以後她隨兒子入籍美國。

但陳子美不願多談她兒子的事。一九八二年他們以一萬五千元買下了現在住的這個公寓，但一九九一年她因哮喘病住院，已經搬走而仍拿著鑰匙的小兒子回來把她的積蓄、首飾等全部拿走。據她說，此後兩個兒子再沒有和她聯絡，她也就完全靠政府的福利過日子了。

曾經共過患難的兩個兒子爲何會如此絕情？是兒子沒有人性，還是婆媳不和而鬧翻，或者另有其他隱情，老人家不願說，我們也不方便問。但是據了解美國法律的朋友說，美國社會尊重人權，尊重老人，因此是不會將她逐出屋子的。雖然萬惡的資本主義制度不會將陳子美趕盡殺絕，但現在擁有「地大物博」全國資源的中國共產黨，似乎也應該對他們的第一號祖師爺的落難後人施以援手，否則太不近人情了。北京駐美國使領館對錦上添花式的統戰十分慷慨，但願更能雪中送炭關心老人。

也有朋友問起，我們怎麼可以確認陳子美的身份而非冒充的？首先我認爲現在冒充陳獨秀的子女並沒有什麼油水，不如現在的高幹子弟不斷演出「假如我是眞的」的騙局；其次，我們對陳獨秀也有一定了解，特別是司馬璐先生熟悉陳獨秀的歷史和家譜，自信不會受騙。事後我們也認爲她的身份是可信的。

至於陳獨秀，我認爲站在共產黨立場上，應該給他平反。中共幾十年來給全國帶來的災禍，就是因爲沒有推行陳獨秀的「二次革命論」去發展資本主義，帶來了農民革命的後遺症，現在也正在以「初級階段論」進行「補課」。當然，這是另外一個話題。

（《中國時代》）

林保華按：

後來我們夫婦曾經陪同王丹的父母親去拜訪陳子美女士。因爲王丹母親王凌雲女士是研究中國現代史的學者。陳子美女士表示中國領事館後來有照顧她的生活。令我們比較心安。

陳子美女士逝世後，我與內子月清有去靈前告別，並且見了她的大兒子。下面是《世界日報》有關她逝世情況的報導：

陳獨秀之女　二十五日紐約公祭
陳子美孤獨病逝　世報率先報導引各方關注　其子從大陸來美善後

中國共產黨創始人陳獨秀女兒陳子美去世的消息傳出後，她的長子李大可二十日已從中國大陸趕往紐約，著手料理她的後事。李先生希望母親的遺體早日入土爲安。圖爲慈濟基金會二〇〇〇年探訪陳子美時，在她家中替她拍下的居家照。（慈濟基金會紐約分會提供）

【本報記者羅旦兮、曹健、胡盈光紐約聯合報導】中國共產黨創始人陳獨秀的女兒陳子美，四月在紐約市一家醫院過世，享年九十三歲。陳子美過世超過一個月沒有親人認領，最後由仍在中國大陸的兒子李大可出面認領，現定二十五日（周二）在紐約華埠寶福殯儀館公祭，二十六日出殯。中國大陸駐紐約總領事館二十一日致電殯儀館盼能與李大可聯絡，提供必要協助。

醫院十八日表示，陳子美在二月二十五日被送往醫院，四月十四日下午四時許過世。院方以尊重爲由不願透露死因。由於院方一直找不到陳子美親人，本準備交由紐約市府處理。此事經世界日報率先報導後，引起各方注意。李大可表示，他在紐約的友人前幾日由世界日報上得知陳子美的遺體無人出面認領，立刻致電告訴他這項消息，他立刻由中國大陸趕回紐約處理。他會按母親遺願找出當年的結婚禮服，下葬時穿戴。

李大可目前主要時間待在中國大陸經營生意，與母親多年失聯，他說：「母親在我的印象中是相當獨立、堅強的女性，她一直能夠獨自照料好自己的生活，也不太願意別人打擾。」至於爲何與母親長久失聯，李先生非常低調地表示，這是家務事不便公開。但他感謝社區對母親的關愛及協助。陳子美鄰居卜洛絲表示，陳子美生前已在皇后區塞普絲丘墓園（Cypress Hills Ceme-tery）購買了一處安息之地。

身爲陳獨秀的女兒，在文革時期嚐盡折磨，也磨掉對共產黨的信心。一九七〇年，當時已六十歲的陳子美爲讓兩個兒子過的更好，帶著兒子坐在汽油桶內偷渡到香港。再於一九七五年以觀光名義申請來美，一九八九年歸化入籍。歷經世事磨難的陳子美，晚年在美國的日子並不順遂。一九九七年，陳子美因積欠鉅額房租惹上官司，事情傳出，紐約僑社出面協助籌款，及中華海外聯誼會匯款給陳子美，才解決她的困境。近幾年慈濟基金會紐約分會定時有志工關懷陳子美生活。

《世界日報》
二〇〇四年五月二十二日

李鵬之女開女紅三代之先　跑趴追時尚

二〇一二年十一月二十九日

珠光寶氣不遮掩　我行我素展個性

在中共十八大即將閉幕之際，曾獲普利茲獎的記者Ian Johnson在《紐約時報》的文章評論說：「現在裙帶關係又捲土重來，少數幾個大家族掌控著中國。」這些中國的太子黨正在成爲中國新興的貴族階級。這些太子黨權貴階層人數約百人，他們在統治國家中發揮愈來愈重要的作用。

葉明子婚禮　選在毛的忌日

差不多同時，鳳凰網圖文並茂刊出「揭名媛神祕生活之葉明子：三十歲嫁美國金融家」。葉明子是葉劍英元帥最小的孫女，葉氏家族是支持習近平的，鳳凰衛視與薄熙來關係密切，此時刊出葉明子的奢華生活，以及嫁給老美，似乎有點「贈慶」（編按：看笑話）的味道。

廣東人叫男性的「官二代」與「富二代」爲「太子」，女性則爲「太子女」，但是如今第三代也已經在中國，乃至在全球嶄露頭角了，要怎樣稱呼他（她）們呢？太孫、太孫女？還是「紅三代」吧。但是男紅三代與女紅三代還是有所不同，前者追逐權力、金錢，後者更注重時尚。

追逐權力、金錢比較隱蔽，追逐時尚，則進入社交圈子後，她們的珠光寶氣與時尚裝扮，就容易成爲八卦媒體的題材。中國號稱是「社會主義國家」，社會主義是平等與正義的象徵，何況中國憲法裡還規定工人階級領導、工農聯盟爲基礎，如今跑出「資產階級腐朽生活」的名流、名媛，當然也是八卦媒體所要爭相報導的。

這位葉明子之所以成爲八卦內容，起源於二〇〇八年四月刊的《VOGUE》中文版曾一口氣推出十七位「中國新一代名媛」，葉明子是其中之一。中國媒體也時有報導她的八卦新聞。

葉明子的父親是葉劍英第三子葉選廉，原爲保利集團下屬凱利公司董事長兼總裁。一九八六年就到香港經商，當時葉明子七歲。葉明子十三歲到英國倫敦，就讀英國最負盛名的私立女校，之後考入全球最著名的藝術設計大學中央聖馬丁藝術與設計學院針織專業進行深造，大學就讀期間到過東京實習、工作，畢業作品入圍優秀畢業生時裝展。她也在日本學過聲樂，灌過唱片，但是最後還是走回設計老路。

然而最引人注目的還是她在二〇〇九年九月九日，在紫禁城的太廟（勞動人民文化宮）與美國男友、金融家Jonathan Mork的結婚典禮。整個婚禮用紅色玫瑰布置全場，白色蕾絲婚紗由葉明子自己設計，並挑了卡地亞珠寶做爲搭配。

站在毛派的立場，這是豈有此理的事情：第一，中國女人嫁給老外，有失國格、人格；第二，這樣鋪張的婚禮居然在勞動人民文化宮舉行，不是在吃勞動人民的豆腐嗎？第三，九月九日是毛澤東的忌日，此時舉辦婚禮，階級立場與革命感情哪裡去了？

葉劍英家族　政商雙頭並進

談到葉明子，自然要談到葉劍英家族。葉劍英是廣東梅縣客家人，與香港關係密切，據說有一個哥哥一直在香港做生意。因爲這個海外關係，思想一直比較開放，中共建國初期，他在華南分局搞「和平土改」而被毛澤東批判爲右傾，改調陶鑄進行極左的土地政策，來個「村村見血」。廣東也多次被批判爲「地方主義」，他都脫不了關係。

葉劍英因而長期不得志，因禍得福。到了文革，將領們開始因爲反對林彪與支持林彪先後都被批判，葉劍英才受到重用，因而在毛澤東死後，聯合華國鋒、汪東興抓四人幫，立了大功。他不與鄧小平爭權，但是子女也分從政與從商兩攤：大兒子葉選平從政，二兒子葉選寧從軍，掌握軍情部門，是太子黨的精神領袖。葉劍英還有一個侄兒葉選基，前妻是後來投共

葉劍英與次子葉選寧（右1）、小兒子葉選繼（左1）。（作者提供）

的呂正操（張學良舊部）女兒，一直在北京葉劍英身邊，與葉選廉一樣，一九八〇年代也到香港經商。

葉劍英三個女兒是葉楚梅、葉向眞、葉文珊，最出名的是葉向眞（凌子），前夫是鋼琴家劉詩昆，凌子本人是導演，一九八〇年代初執導曹禺的《原野》，因爲有毫不養眼的所謂「床上戲」引發爭議。今年二月，她出席《炎黃春秋》（改革派的精神堡壘）的新春聯誼會，推薦習近平老爸「習仲勳叔叔」寫序的《古鏡今鑒》，並說「聽不得逆耳忠言的王朝一定要滅亡」。葉劍英有個養女，就是著名異議作家戴晴，六四後曾入獄。

改革開放後葉選平長期主政廣東，也是不能宣諸於口的「地方主義」，升任全國政協副主席也拒絕北上。但是葉選平繼任者謝非去世後，江澤民就用「外江佬」主政廣東，削弱葉家的影響。

前文所提的《紐約時報》文章說：過去一年，葉劍英的子女幫助組織會議，批評中國目前的走向，影響了軍隊高層任命；另外對阻止一位高調提倡改革的領導者進入政治局常委發揮了作用，因爲他們認爲此人不會照顧他們的經濟利益。不知道這位鼓吹改革的領導人是不是汪洋？因爲汪洋在廣東反貪觸及葉家的利益？

行走社交圈　躋身名流之列

葉明子有位堂姐叫做葉靜子，是葉選寧的女兒，也是十三歲留學美國。大學主修心理學，後在香港創立星際文化集團有限公司，也入名媛之列。

葉靜子曾是著名跳水女皇伏明霞的經紀人，丈夫是開國上將王震的孫子王京陽。香港媒體透露葉靜子的母親錢寧戈有投資澳門賭場，九七前就與澳門黑道有說不清的關係。

中共的改革派有這樣複雜的利益關係，可見改革的艱難。

據報導，出席葉明子婚禮的，有葉明子的摯友，家世同樣大有來頭的萬寶寶，她是前述十七位名媛之一、前人大委員長、改革派大將萬里的孫女。她在中南海長大，十六歲到美國留學，再去法國攻讀哲學並拿了學位回來，還考取了ＧＩＡ珠寶鑒定證課程文憑，成為珠寶設計師，在香港創立只供訂製的個人珠寶品牌。她也是第一個出席巴黎重量級社交成年舞會的中國女孩。媒體報導，談到她未來的男人，她一面摸著她的愛馬仕柏金包一面說：「很可能是西方人。中國男人不太接受新一代的女人。」

二〇〇九年十一月在巴黎克利揚飯店舉行的成年舞會，慶祝富豪名流之女首度在社交界亮相的中國女孩，則是當時中國全國政協主席賈慶林的十七歲外孫女潔絲明（Jasmine），這是更新一代的中國太子女了。出席這場舞會的還有已故黛安娜王妃的十八歲姪女凱蒂·史賓塞，名導演克林伊斯威特十六歲的掌上明珠法蘭西絲卡·伊斯威特，澳門賭王何鴻燊的孫女Ariel。

電后李小琳　大姐大很高調

同樣是「紅三代」的薄瓜瓜，自小到英國名校就讀，與洋妞左擁右抱，也就不稀奇了。只是他成爲英國十大華人傑出青年就令人噴飯，因爲據說學業都成問題。而捲入英國商人海伍德的謀殺案，問題就複雜許多。薄瓜瓜的前女友陳曉丹也是「紅三代」，中共元老陳雲的孫女，小兩口在西藏旅遊的照片去年在網路流傳，由警車開道。今年春天薄熙來案子爆發後，他們的戀情也就結束了。

李鵬之女，李小琳。（取自網路）

但是要說到女紅三代，還不能不提及她們的大姐大李小琳。這位中國的「電后」，是李鵬的女兒。李鵬是中共烈士李碩勳的兒子，周恩來的乾兒子，百分百太子黨，李小琳自然是「紅三代」。如果說葉明子、萬寶寶在本世紀才出頭，那麼李小琳一九九六年在香港就已經「驚豔」了。她不顧香港人對李鵬極爲厭惡的印象，穿金戴銀地在香港商界的社交場所跑趴，當時的香港記者計算一下她的行頭，就値港幣十萬，是當時一個下崗工人約八百個月的收入。如果說，她的「太妹們」還比較追逐時尚品味，那麼這位大姐大更注重權勢與金錢。

當時紅三代還比較低調，她的時尚裝扮遠凌駕鄧小平之女鄧榕之上，像她這樣囂張的，還很少見。當時中國還沒有經濟崛起，她的錢從哪裡來？她的媽媽朱琳最清楚。也怪不得李鵬急急安排李小鵬棄商從政，這次十八大終於吊上候補中央委員的最末一個。由於上午投票，卻到傍晚才宣布名單，引發許多議論，中間有沒有做票，因爲未公布個人的得票結果，自然引起更大的疑惑。

俗語云：富不過三代。有「偉光正」（編按：偉大光榮正確的縮寫）的黨撐腰，會不會破例呢？

（《新新聞周刊》一三四三期）

從兩岸經驗探索中國「聯省民主」道路

二〇〇三年三月二十三日

中國能不能走上民主的道路，人言人殊。一般說來有兩種看法：一種認爲民主是普世價值，是世界潮流，中國也不例外。另一種也不敢說不要民主，但是尋找各種托詞，特別是強調國情特殊，民主要慢慢來，等於不必來；或者只適宜於所謂「社會主義民主」，也就是一黨專政。但是從東亞地區逐步實現了民主化，哪怕不是那樣完美，也是揚棄了威權體制，特別是台灣的民主運動歷程，以及中國大陸自身的經驗，都可以作爲中國未來民主化的借鑒。

一九四九年國民政府從中國敗退到台灣以後，痛定思痛，穩住了陣腳，並且在多種壓力下，終於開啓了台灣民主化的道路，使台灣不但創造了經濟奇跡，晉身亞洲四小龍之一，也創造了政治奇跡，實現了從威權體制到民主體制的轉型，並且完成了第一次的政黨輪替。台灣邁上民主道路，經歷了半個世紀的路程，堅持不懈。

其中有兩條經驗可供中國大陸參考：

第一，一九四六年「國民代表大會」在南京開幕，不管蔣中正是眞心還是假意，都是要表示中國已經從「訓政」進入「憲政」時期。但是，由於當時中共的「解放戰爭」，不但國民政府「憲政」只能停在表面功夫，到了台灣，也因爲要抵禦中共的南侵和「反攻大陸」，繼續維持威權體制，甚至保留「動員勘亂臨時條款」而對異議人士採取高壓手段，到蔣經國晚年才有所鬆動。然而，即使沒有中共的革命，以中國幅員之廣大，利益關係的錯綜複雜，派系之間的相互傾軋，官員的貪汙腐敗，民眾教育程度的低下，不但發展經濟不是一件容易的事，要民主化也是有相當的難度。到了台灣後，在「小國寡民」的情況下，雖然也要面對中共的侵犯，但是隔了一個「天塹」和國際形勢的變遷而相對穩定；內部的利益關係也比較簡單，減少了改革的內部阻力，經濟和政治方面的改革就比較容易推行了。因此，如果中國的政經改革，特別是一直難以起步的政治改革也能夠劃成小塊塊進行，也就是以省、市、自治區或更小的區域爲單位，可能是打開目前政改僵局的突破口。

第二，台灣的民主化同本土化同步而行，是台灣民主化的一個特色，對中國的民主化更有特別的啓迪作用。一九五〇年公佈的《台灣省各縣市實施地方自治綱要》對地方勢力的拉攏，成爲台灣地方民主選舉的起步。其後《自由中國》運動被壓制了以後，逐漸就轉化爲以本土人士爲主體的民主運動，《美麗島》事件是它的標誌。以後再形成爲「黨外」政治勢力，再建立民主進步黨。本土化對動員群眾和團結隊伍有重大作用，即使是原來執政的國民黨，也重視本土化的問題。七〇年代蔣經國提出的「革新保台」就是本土化的開始，再由李登輝加以發揚。現在「台灣優先」成爲朝野的共識，至少表面上沒有人敢公開反對。

根據這個原因，中國的民主化如果也能以本土利益爲依歸，分別以各個地方政府爲主體實施地方自治和實現地方民主化，若干時候以後由「聯省自治」再實現全國的「聯省民主」，可能是行之有效的方法。

一，從中國歷史上看，春秋戰國時期中央政權的弱勢，出現「百家爭鳴」的形勢，當時的「士」周遊列國勸說諸侯們爭取民心，建立功業，所以以民爲本的思想在著書立說中大量湧現。在中國近代、現代史上，義和團之亂時出現過東南各省的「聯省自保」，（東吳大學就是「東南自保」時兩江總督劉坤一支持外國敵對勢力建立起來的。）發展到辛亥革命後的「聯省自治」，那是在地方勢力和軍閥擁兵自重，中央權力削弱的情況下出現的。「聯省自治」最熱鬧的時候，思想界非常活躍，五四運動在那個時候興起，從新文化運動發展成為政治運動。中國共產黨就是那個時候成立的，中國國民黨也是在那個時候改組成功的。毛澤東就在那個時候提出要把中國劃分成二十七塊，甚至成立湖南國的主張。那時的北洋政府，因為隨時面對各省的「獨立」和「自治」的威脅，受到一定的約束，就是鎮壓學生運動和異議人士，也沒有後來中共那樣殘酷和毒辣。

二，中國「改革開放」打破史達林中央計畫體制的經濟改革是從「放權讓利」開始的，提高地方的積極性，推動改革的開展，這也有利於對改革的探索。早期推行的「承包制」是其中的一個形式，開闢經濟特區和開放沿海城市也是另一種形式。其後的政治改革因為元老們的反對，胡耀邦、趙紫陽先後下台而無法同步進行。因此目前政治改革也可以從對地方的「放權讓利」開始，是政治上的放權讓利，由各地先行試點，相互比較和競爭，即使出了問題也是局部性的。這是某種程度的「政治承包」和設立「政治特區」；可以先從地方決定自己的人事開始，再制定相關的地方法律，這是「地方自治」的重要內容。而地方的人事，最公平和最有公信力的辦法就是從選舉中產生。為了爭取選票，各地方的政治人物和政府也必須制定最能保障人民權利的法律。與此配合的，各地就要適當開放報禁和黨禁，以後再推展到全國。

三，這是根本解決分離主義運動的最好方式。中共目前為台灣、西藏、新疆，內蒙古等分離運動所困擾，主要原因是專制集權政體必然剝奪地方的自治權利。即使香港「一國兩制」的所謂「高度自治」，也因為強勢的中央集權乃至個人獨裁而受到破壞，遑論少數民族的所謂自治。但是即使是一般的省市，「地方主義」也是不同程度存在，例如廣東、福建、海南、上海等地，這些都是聯省自治和聯省民主的土壤。而如果各個省、市、自治區都可以高度自治，架空中央的權力，反過來又是對高度自治的保障，就可以減少地方的離心力。也只有在這個情況下，經過地方和中央的協商討論，制定地方和中央關係的條例，才可以考慮「邦聯」或「聯邦」的構思。如果中國大陸能成功推行聯邦制，對台灣才有吸引力，才可以同台灣商討邦聯模式，或進一步先邦聯後聯邦。

在中國的現代史上，自從北伐戰爭國民政府統一中國以來，經過多年內外戰亂後由共產黨統一中國大陸，推行高度的中央集權統治，到現在是推行「聯省民主」的較好時機。其原因有二：一是軍委主席江澤民在政治局常委和政治局中安插了不少親信，他們佔了半數以上的席位，總書記胡錦濤的人脈則多在地方上，因此以中央放權來提升地方權力，容易為胡錦濤所接受；二，現任的政治局常委和政治局委員中，大多數都是從地方調到中央來的，例如九個常委中五個剛從地方調上來，他們相對的會比較顧及地方利益，因此提升地方的自治權利也可望減少一些阻力。

中共十六大以後，出任總書記的胡錦濤似乎要開展「新政」，包括政治上的一些改革，當然還是小手筆的改革。例如深圳試行「行政三分權」的改革，就是由地方試點開始。這一改革的主要思路是在政府體制內建立立法、執行和監督的分權體制，由三個權力機構互相制衡。由於鄧小平、江澤民都公開反對過西方的三權分立，所以可以預料這個改革須由北京點頭；但也不必對此太過樂觀，因爲一黨專政下的「三權分立」，黨權仍在這三權之上，會是什麼結果並不難想像。

此外，據透露，今年年初召開的中央農村工作會議決定，農業部將升格爲農業委員會；而農業行政體制也將面臨大變革，當局計畫裁撤鄉、村級農村政府組織，由「農民自治」取代，五至七年過渡完成。雖然具體做法目前還不清楚，但是相信這將使停滯不前的「村民選舉」有重大突破，至少是要升級到鄉一級。而由於當局的改革是因爲養不起龐大的鄉、村幹部隊伍，因此未來由農民自養的幹部自然要由農民自己選舉和決定它的形式和功能了。中共對農村的控制力勢必相對削弱，從而也會影響到鄉以上的政權機構。

當然，上述這些同「聯省民主」還有很大距離，但是只要開始啓動了，就必然根據民主潮流的軌跡步步向前。

這些構思，特別是「聯省民主」的主張，是有違中國封建傳統的大一統思想，這種主張在中國還比較少見，特別是不容於極權主義者和狹隘的民族主義者。雖然也有個別學者如劉軍寧等最近開始在闡述這個問題。但是總體上看，由於中共對「民族專制主義」的長期宣傳，由於對中國歷史，尤其是近、現代史的歪曲記載，要扭轉這種思想並不容易。最近電影《英雄》的發行，正反映了這個問題。爲此，需要做不少的研究工作和輿論宣傳，糾正被歪曲的觀念。例如「自治」不等同「獨立」，是「分治」而不是「分裂」，而「統一」也並非是「集權」的代名詞，而「聯省」本身的「聯」字，就同分裂有別。澄清了這些概念，有助減少民主化的阻力。

但是也不可否認，這種構思在操作上會有許多問題。例如鑒於台灣民主化過程中出現本土化和中國情結的矛盾，也是不同族群利益的矛盾和衝突，以及黑金政治對民主政治的侵蝕，所以也要吸取這方面的教訓，提高民主文化的素質和更好的協調各方面的利益關係。此外，有些地區，特別是窮困地區對「自治」可能缺乏興趣而只希望中央的救濟，這些都需要在實踐中探討解決。而海外有學術自由和開放的環境，應該承擔向中國大陸灌輸的「啓蒙」責任。美國政治、經濟發展的先例，蘇聯解體不等於內戰，捷克斯洛伐克和平分裂的成功和加拿大魁北克省和平分裂的失敗，以及其他國家所出現的分離主義運動的經驗和教訓，乃至歐洲已由分裂走向整合，都說明中央集權並不是一個良好的制度，運用暴力維護中央集權的專制制度更是和時代潮流格格不入。台灣的成功和對中國民主運動的支持，不但可以推動中國的民主發展，對根本上解決兩岸關係也是有利而無害。

（在台灣東吳大學《東亞自由化、民主化與區域和平》國際圓桌討論會）

國家圖書館出版品預行編目資料

用鮮血和謊言寫下的百年中共黨史/林保華作. -- 初版. -- 臺北市：前衛出版社, 2022.05
面；15×21公分

ISBN 978-626-7076-35-4（平裝）

1. 中國共產黨 2. 歷史

576.251 111006276

用鮮血和謊言寫下的百年中共黨史

作　　者　林保華
發 行 人　林楊月清
責任編輯　張笠
封面設計　江孟達
美術編輯　宸遠彩藝

出 版 者　前衛出版社
104056 台北市中山區農安街153號4樓之3
電話：02-25865708｜傳真：02-25863758
郵撥帳號：05625551
購書・業務信箱：a4791@ms15.hinet.net
投稿・代理信箱：avanguardbook@gmail.com
官方網站：http://www.avanguard.com.tw
出版總監　林文欽
法律顧問　陽光百合律師事務所
總 經 銷　紅螞蟻圖書有限公司
114066台北市內湖區舊宗路二段121巷19號
電話：02-27953656｜傳真：02-27954100

出版日期　2022年5月初版一刷
定　　價　新台幣350元

ISBN：9786267076354（平裝）
9786267076361（PDF）
9786267076378（E-Pub）